河出文庫

きっとあの人は眠っているんだよ

穂村弘の読書日記

穂村弘

kawade bunko

河出書房新社

きっとあの人は眠っているんだよ　目次

I

II

きっとあの人は眠っているんだよ

穂村弘の読書日記

I

昭和の漫画を読みふける

みんなが面白いと云《い》っている本、話題の本、新しい情報が得られる本、新鮮な発見のある本、向上できる本、読んでおいた方がいいんだろうなと思う本、その全てを読みたくない日がある。

この後ろ向きな気分ってなんなんだろう、と思いながら、そんな時は昔の漫画を読むことにする。

昭和三、四十年代からせいぜい五十年代までの、それも有名なものは駄目だ。メジャーな作家のマイナーな作品。或《ある》いは、マイナーな作家の代表作（マイナーな作家のマイナーな作品はそもそも出版されていなかったりして発見することが難しい）が望ましい。

古本屋に行って、へえ、この人の作品にこんなのがあったのか、と思うようなものを掘り出してくるのだ。このような読書には、妙な云い方だが、贔屓《ひいき》のチームが勝ったという結果を既に知りながら観ているサッカーの試合のような安心感がある。

先日、読んだのは『挑戦者ＡＡＡ《チャレンジャートリプルエース》』（マンガショップ）。原作梶原一騎、漫画永島慎二という大物同士の組み合わせ。梶原一騎は『巨人の星』や『あしたのジョー』の原作で有名だし、永島慎二には『フーテン』や『漫画家残酷物語』がある。

　このコンビの代表作は『柔道一直線』だろう。私も読んだことがある。テレビドラマ化された作品もリアルタイムで観ていた。そのなかで結城真吾役の近藤正臣がいきなりピアノの上にぴょんと飛び乗って、足の指で『ねこふんじゃった』を弾くシーンがあった。衝撃だった。

　物語の本筋とはまったく関係がないにも拘《かか》わらず、忘れられない。当時の少年たちは音楽室で先生の隙をみて挑戦したものだ。

　それにしても、一体あれはなんのためのシーンだったんだろう。結城真吾がいかに天才かということを示そうとしたのか。足でピアノを弾いても、柔道の強さとは関係ないと思うのだが。

　しかし、あれ以来テレビで近藤正臣を見るたびに、あ、足ピアノの人、と反射的に思うようになってしまった。

　さて、『挑戦者ＡＡＡ』だが、これはまったく知らない作品だった。単純に云うと、００７シリーズの日本版パロディのようなものだ。昭和四十二年の一月から十二月まで「少年画報」に連載されたらしい。私は当時五歳だった。

　冒頭の一コマがいきなり東京タワー。分かりやすい。懐かしい。嬉《うれ》しい。主人公のクローバこと黒羽隼人は秘密組織メフィストの裏切り者だ。

「メフィストの幹部は部下だったおれをAAA…つまり知能、勇気、行動ともにエースの三冠王とかほめたっけ」

おお、思いっきり自慢してるなあ。007的な秘密兵器も見所のひとつだ。「ダイヤモンド以外はなんでもかみ砕ける電子入れ歯」なんていうのが出てくる。これで鉄格子を破るのだ。

この時代の日本ならではの台詞《せりふ》もある。

「戦災孤児になり生きるためには……不良になるしか仕方なかったおれたちと違って……結局、今の不良は……弱虫ぞろいなのだ……弱虫だから不良になるのだ」

この言葉にかぶる「今の不良」たちの絵は、ゴーゴーを踊っている。これが当時の不良の象徴だったのか。

物語の最後では、メフィストの日本支部を全滅させた主人公がヨーロッパの本部をたたきつぶすために渡欧することになる。こう書いてもネタバレだと怒る人はいないだろう。

ラストシーンはクローバに助けられた少年の台詞。

「サンタクロースがやって来て、かわりに黒羽さんが行っちまった。でも……黒羽さんもすばらしいプレゼントをしてくれて行った。愛と勇気を!!」

ああ、面白かった。最初から最後まで、二十一世紀を生きる未来人としての心の余裕をもって読めた。

その勢いで同じく梶原一騎原作の『ハリス無段』（マンガショップ、上・中・下）を読む。こちらの作画は『少年忍者部隊月光』の吉田竜夫、竜の子プロダクションの人だ。『宇宙エース』『マッハGoGoGo』『ハクション大魔王』『紅三四郎』……、懐かしいなあ。『ハリス無段』は柔道漫画だ。昭和三十八年から「少年マガジン」で連載されている。一歳の私は勿論《もちろん》リアルタイムでは読んでいない。

上巻の帯に「科学的柔道で鍛え上げる風巻竜の前に古流派の復興を目論む柔術新撰組が立ちふさがる！」と書いてある。「科学的柔道」ってところに時代を感じる。『鉄腕アトム』の主題歌に「心やさし、ラララ、科学の子」（谷川俊太郎作詞）とあり、『スーパージェッター』の主題歌に「七つの海の底深く、科学の夢がのびてゆく」（加納一朗作詞）とあるように、当時は「科学」に対する期待値がとても高かったのだ。『ハリス無段』には「ハリス流スクリューおとし」とか「じごく投げ」とか「ミラクルC」とか「パーフェクト地獄」とか、とんでもない必殺技がどんどん出てきて夢中になった。この時代の科学っていうのは、どこまでも膨らむ「夢」の別名なんじゃないか。

昭和の「夢」に思う存分浸ったところで、最後に手に取ったのが、リアルタイムの傑作『闇金ウシジマくん』（真鍋昌平、小学館）だ。本作は現在も「ビッグコミックスピリッツ」に連載中らしい。

闇金融会社の社長ウシジマくんを狂言回しとして、その世界に関わった人間たちがちょっとした不運や心の弱さから、どこまでも堕ちてゆく様が描かれている。

ここにあるのは余りにも生々しい現在だ。さっきまで昔の漫画たちを楽しんでいた未来人の私も、実際に生きているのは二十一世紀の今であることを思い知らされる。『挑戦者ＡＡＡ』や『ハリス無段』に溢《あふ》れていた「夢」が、『闇金ウシジマくん』にはほんの一滴しかない。その一滴の凄《すさ》まじい輝きに心を打たれる。

「他人の目」を借りる

小学校の三年生の時だったろうか。新しいクラスで仲良くなったシナダくんが私の家に遊びに来た。その時、たまたまお母さんがいなくて、おやつを出して貰《もら》うことができなかった。

友達が初めて遊びに来たのに。そう思って、私はちょっと焦《あせ》りながら冷蔵庫を開けてみた。が、おやつ代わりになりそうなものは何も入っていない。

仕方なく、我が家の常備食であった魚肉ソーセージを二本出して、一本をシナダくんに手渡した。

「ごめん、これしかないや」

友達は不思議そうに受け取ってから、ビニールを剝《む》いて食べ始めたのだが、その反応はまったく予想外のものだった。

「これ、すごくおいしいね！」

どうやら、シナダくんはそれを初めて食べたらしかった。安価な魚肉ソーセージは、当時の多くの家庭にとってありふれたものだったから、たまたまシナダ家の家庭内ルールで禁止（?）されていたのだろう。

ピンク色のソーセージを夢中で食べるシナダくんを見ているうちに、不思議なことが起こった。私にとっては珍しくもなんともないはずのそれが、だんだん「いいもの」に思えてきたのである。心なしか味もいつもよりおいしく感じられる。なんだか、シナダくんの興奮がこちらに移ったようだった。

この経験によって、私は「他人の目」を借りる、つまりその意識や感覚を通してみることで、ありふれたものの意味や価値が変わる、ということを知った。

これは実生活だけではなく、むしろそれ以上に、その後の読書体験において、同様の感覚をしばしば味わうことになった。

主人公の子供の眼を通して描かれた絵本を見ては、平凡な日常の新鮮さに気づかされたり、外国人写真家が日本を撮影した写真集を開いては、なるほど、彼らにはこんな風にみえているのか、と納得したり。

そのような体験を与えてくれる本のなかで、最近いちばん印象的だったのは、『テルマエ・ロマエ』（ヤマザキマリ、エンターブレイン）という不思議な漫画だ。タイトルはラテン語で「ローマの風呂」という意味らしい。

古代ローマの設計技師ルシウスがひょんなことから、現代日本の銭湯や温泉にタイムスリップして、その多種多様なアイデアに驚く。そして、古代ローマと現代日本を往復しながら、学んだことを自らの仕事に取り入れていく、というぶっ飛んだ内容だ。タイムスリップお風呂モノとでも云《い》えばいいだろうか。

「風呂好き」の一点で古代ローマ人と現代日本人を結びつけてしまったのも凄《すご》いが、この馬鹿馬鹿しくもアクロバティックな展開が読めば読むほど面白いのである。その魅力の秘密はたぶん、現代日本人である読者の私が、前述の「他人の目」を借りることで、身近なお風呂文化をもう一度見直させられる点にあるのだろう。

『テルマエ・ロマエ』における「他人の目」とは、云うまでもなく「古代人」であり、かつ「ローマ人」でもある、即ち二重の意味で「他人」である主人公ルシウスの「目」に他ならない。

タイムスリップするたびに彼は、日本の銭湯、温泉、ユニットバス、フルーツ牛乳、温泉玉子、温泉猿、垢擦《あかす》りタオル、オンドル、ラムネなどと出会う。その都度、強い衝撃を受けて（それはそうだろう）、いちいち激しい感動の言葉を放つのだ。

例えば、こんな風に。

美味いッ!!
しかも冷たくて甘い!!
牛の乳に温帯の甘い果実の汁が加わったかのような風味…
雪のような冷たさ…
湯上がりの火照った体内に染み込む柔らかな味…

この世の物なのか⁉

「フルーツ牛乳」の感想である。いや、云われてみれば、まったくその通りなんだけど。読者である私はくすくす笑いながら、しかし、その感激ぶりを見ているうちに、いつの間にか日常の意識のなかではまったく平凡なもの（魚肉ソーセージのように）として顧みなくなっていたさまざまな対象物が、新たな魅力を放ち始めることに気づくのだ。

そして、思う。僕も久しぶりに「銭湯」に行って「フルーツ牛乳」飲もうかな、とか、「温泉」に行って「温泉玉子」食べようかな、とか。

また『おへやだいぼうけん』（ほりかわりまこ、教育画劇）という絵本では、タイトルからもわかるように、子供の頃、誰もがやったことのある「ごっこ遊び」が繰り広げられる。

子供の「目」で眺めるだけで、世界はみるみる変わってゆく。タンスが洋服屋さんに、キッチンがレストランに、冷蔵庫が宝箱に、お風呂が海に。

「せんせい、ライオンに　ひっかかれたんです」

ポプリちゃんが　いいました。

「あなたは　ゆうかんなひとです。よく　いきて　かえって　こられましたね。ばんそうこうを　はって　あげましょう。それに　にゅういんも　ひつようですよ」

ライオンにひっかかれて「ばんそうこう」って……。勿論《もちろん》、実際には飼っている猫にひっかかれたのである。

最後に、太宰治が女性読者から送られてきた日記に基づいて書いた傑作『女生徒』(角川文庫)を挙げておこう。

執筆形態からして、若い女性の「目」を借りるかたちになっている本作では、その上に太宰特有の感覚がオーバーラップすることで、独特の瑞々《みずみず》しくあまやかな世界が展開されている。

私は悲しい癖で、顔を両手でぴったり覆っていなければ、眠れない。顔を覆って、じっとしている。(略)

おやすみなさい。私は、王子さまのいないシンデレラ姫。あたし、東京の、どこにいるか、ごぞんじですか?　もう、ふたたびお目にかかりません。

天才ピアニストの悪魔的魅力

天才的な音楽家が出てくる小説が好きだ。現実の私は音楽を専門的に聴き分けるような耳はもっていないし、そもそもクラシックに特別な関心もないのに、そのような人物が作中に出てくると妙に興奮してしまうのだ。それがミステリーだとなおいい。

いつだったか、何かの集まりで、プロの音楽家の方とお話しする機会があった時、「あの、オーケストラでは殺人とか起きませんか」と尋ねて、きょとんとされたことがある。そんな滅茶苦茶な質問に対して、「今のところ」と穏やかに答えて貰《もら》ったのが、なんだかとても嬉《うれ》しかった。

天才とオーケストラと殺人事件を結びつけるのは、もちろん私の勝手な妄想なんだけど、殺人ならなんでもいいわけではない。我々凡人には想像もできないような、悪魔的にロマンチックなものじゃないと。

などと云《い》っていたら、「じゃあ、この本なんかいいんじゃない？」と友人から紹介されたのが、『大いなる聴衆』（永井するみ、創元推理文庫）である。

婚約者を誘拐された天才ピアニストのもとに、犯人から手紙が届く。

『ハンマークラヴィーア』。

完璧な演奏をしろ。

さもなくば、ミカリは二度とお前の元へは帰らない。

凄《すご》い。これだけでうっとりしてしまう。私は全然知らなかったけど、『ハンマークラヴィーア』は「ベートーヴェン三十二曲のピアノ・ソナタ中で最長、そして最も難解と言われる」ものらしい。

この脅迫状からはふたつのことがわかる。ひとつは犯人が演奏を聴き分ける耳をもっていること。もうひとつは誘拐が現世的な欲望によるものではなく、形而上《けいじじょう》的な動機をもっていること。

まさに悪魔的にロマンチックじゃないか。そのような相手に対して、主人公は自らの演奏によって立ち向かうしかない、というところに胸を打たれるのだ。

惜しくも今年（二〇一〇年）亡くなってしまった作者は、東京藝術大学音楽学部を中退という経歴の持ち主だから、細部のリアリティも申し分がない。

だが、考えてみれば、ミステリーとかいう以前に、一般の人間からすると、天才ピアニストという存在自体が大きな謎なのだ。

飛浩隆の作品集『象《かたど》られた力』（ハヤカワ文庫ＪＡ）に収められた「デュオ」には、その謎がはっきりと目に見えるかたちで示されている。

連弾？　双子のデュオ？　バイエルを二人がかりで弾く？　一瞬混乱したあと、ふと目が二人のあいだに落ちついた。そのとき初めて気がついた。

かれらには身体が一つしかない。

この作品に出てくる「かれら」は、天才ピアニストである上にシャム双生児なのだ。そんなことはありえない、と思いつつ、いや、でも、と考え直す。「ありえない×ありえない＝ありえる」んじゃないか。

小説世界のリアリティとは、現実の法則に従っていることとは、ちょっと違っているようだ。

誘拐犯が完璧な演奏を求めるなんて現実にはまず考えられないし、双頭の天才ピアニストは存在自体がありえない。でも、そういう点がどんな荒唐無稽でもまったく構わないのだ。むしろ大歓迎。

その一方で細部の辻褄《つじつま》が合わないと、それは変でしょう、と反射的に思ってしまう。読者って不思議なものだ。おそらくは細部のリアリティの積み重ねが大きな夢を支えているってことなんだろう。

今年の夏に刊行された『シューマンの指』（奥泉光、講談社）にも、弾かない天才ピアニストという二重の意味で謎めいた存在が登場する。

主人公の「私」は、友人である天才ピアニスト永嶺修人の演奏を三度しか聴いたことがない。だが、その代わりのように、永嶺は音楽について饒舌《じようぜつ》に語り続ける。


「このモチーフは、この曲だけじゃなくて、シューマンのピアノ曲のほとんどに登場する。なんでシューマンは、こんなに同じフレーズにこだわるのか、不思議じゃない？　僕はこれを見ると、なんだかドキッとする。たとえば、いろいろなところへ旅行をして、いろいろな風景を眺めたとして、そこに必ず同じ人物が立っていたら、おかしいだろう？　旅行に行って、何気なく写真を撮って、どの写真にも、必ず同じ人物が写っていたら、びっくりしない？　するよね。僕は、この音符の陰に、何かが隠れているような気がするんだ」


この感受性に強く惹《ひ》きつけられる。素人の私にはシューマンのモチーフのことなんてまったくわからない。にも拘《かか》わらず、彼の口を通して、こんな風に喩《たと》えられることで、わかったような気持ちになる。

「旅行に行って、何気なく写真を撮って、どの写真にも、必ず同じ人物が写っていたら」なんて、本当にそんなことがあったら、悪魔的にロマンチックじゃないか。

小説の帯には「生誕２００周年・シューマンに捧げる、本格音楽ミステリ」と記されているし、実際、謎解きを軸に展開されている。

しかし、最初からそのように構想されているというよりは、この危険な感受性が作品の世界像に反映した結果が自然にミステリー的になっているようにみえる。謎解きである以上に謎の増幅装置としての小説、と云えばいいだろうか。

おそらくはそのために、この作品は角度によってさまざまに異なった表情を見せてくれる。純文ミステリーであると同時に青春小説であり恋愛小説であり幻想小説でありホラーでありBLでありもちろん音楽小説でもあるという、なんとも不思議な傑作なのだ。

私たちが成熟できない理由

先日、ケーブルテレビでウルトラマン特集をやっていた。軽い気持ちで観始めたらやめられなくなって、結局、五時間だか六時間だかの番組をぶっ通しで観てしまった。

初めは自分が懐かしさから鑑賞していると思っていた。だが、それにしては熱中し過ぎである。イデ隊員がつくった新兵器が出てくるたびに欲しくなる。メフィラス星人に操られたフジ隊員の姿にどきどきする。

怪獣酋長《しゅうちょう》ジェロニモンの回では、ジェロニモンの羽根攻撃が繰り出された時、「あー、ウルトラマンに刺さっちゃうよー」と思っている自分に気づいて愕然《がくぜん》とする。

これは四十三年前に観た時の感想とまったく同じだ。心の核にあるものが四歳の時から変化していないかのようだ。まさか、あれから全然成長していないのか。

いや、薄々気づいてはいた。年をとってもとっても、自分はちっとも大人になった気がしない。

例えば、顔。昔の人みたいに重々しい雰囲気がまったくない。いつまで経《た》っても、妙につるんとしたのび太顔のままだ。

そこで或《あ》る日、思いついたのだ。髭《ひげ》を生やしたら、どうだろう。少しは顔面の情報量が増えるかもしれない、と。

だって、昔の人々はみんな立派な髭を生やしているじゃないか。つまりは、その差に違いない。そう考えた私は、嬉《うれ》しくなって早速試みた。

でも、その結果は大変な不評。周囲の人に理由を訊《き》いてみると、「のび太に髭があるみたいで気持ち悪い」とのこと。そのまんまじゃないか。でも、じゃあ、一体どうしろというのか。出口無きのび太地獄だ。

けれども、どうやらこれは私ひとりの問題ではないらしい。例えば、こんな本がある。『大人になれないまま成熟するために』（洋泉社新書y）、著者は翻訳家の金原瑞人、サブタイトルには「前略。「ぼく」としか言えないオジさんたちへ」と記されている。これこれ、と思う。

本書では音楽や文学の分析を通して、或る世代以降の日本人が成熟できない理由が丁寧に考察されている。

　ぼくは、七〇年代以降、今に至るまで続いている教養に関する一番大きな齟齬の一つに、多様化によって生まれた新しい教養を、「サブ・カルチャー」と呼んで別扱いにしたまま、いつまでたっても怪しまなかったという失敗があったと思います。つまり「教養の多様化」を「教養の崩壊」とみなす軽薄と怠惰があったと思うのです。

この指摘には、なるほどと思わされる。「サブ・カルチャー」って言葉に慣れ切っていて、気づかなかったけど、確かにその通りかもしれない。

「教養の多様化」を認めて成熟という概念自体を更新する、という作業が手つかずのまま、時間だけが経ってしまった。けれど、ある世代以降の「ぼく」たちのメンタリティには否応なく「サブ・カルチャー」的な成分が含まれている。このズレが、「ぼく」は大人になれない、という感覚を強めた側面があると思うのだ。

これは、いわゆる教養的な権威からは軽視されがちなヤングアダルト小説を多く手がけてきた翻訳家としての実感から生まれた認識でもあるのだろう。

二〇〇九年に三十四歳で病没してしまった伊藤計劃の『虐殺器官』（ハヤカワ文庫ＪＡ）は、ＳＦ的なアイデアを導入することによって、九・一一以降の世界像を鋭く描き出した傑作だが、ここには絶対に大人になれない主人公が登場する。

以下は、解説に引用された作者の言葉から。

「一人称で戦争を描く、主人公は成熟していない、成熟が不可能なテクノロジーがあるからである」というのは最初から決めていました。ある種のテクノロジーによって、戦場という、それこそ身も蓋もない圧倒的な現実のさなかに在ってもなお成熟することが封じられ、それをナイーブな一人称で描く、というコンセプトです。

極端に単純化すれば、主人公が子供の心のまま、戦争という最も過酷な現実を潜《くぐ》る記録ということになるだろうか。異様な設定に奇妙な生々しさを感じる。そんな状況下で「ぼく」は、どうなってしまうのか。リアルに描くのは難しそうだが、本書は高いハードルを鮮やかにクリアして、「ゼロ年代ベストSF」の第一位に選ばれている。以下は本文の引用。

それはつまり、殺す相手の姿と人生とを生々しく想像することに他ならない。相手に愛情を抱けるほどリアルに想像してから、殺す。（略）そんな悪趣味がなんらトラウマにならないのは、ひとえに戦闘適応感情調整のおかげだ。戦闘前に行われるカウンセリングと脳医学的処置によって、ぼくらは自分の感情や倫理を戦闘用にコンフィグする。そうすることでぼくたちは、任務と自分の倫理を器用に切り離すことができる。

最後に、思う存分子供感覚で楽しめる本を挙げてみたい。長新太の『ながいながいすべりだい』（偕成社）だ。

滑り台は楽しいけど、すぐに下に着いてしまう。滑っても滑っても終わらないような、ながーい滑り台があったら、どんなにいいだろう。そんな子供の夢が、そのまま描かれた絵本である。

なんとひとつの山が丸ごと滑り台。しかも、直滑降じゃなくて、頂上からぐるぐるぐるぐる回りながら滑り降りてくるのだ。

さあ　すべってみよう
するするする
きのこがあるよ
するするするする
あっ　かえるがおよいでいる
するするするする

不思議なものたちと次々に出会いながら、でも、一度も止まることなく、するするするする滑り続けて、下に着いた時はすっかり夜になっていた。これ、やってみたいなあ。

将棋の世界の真剣勝負

将棋漫画や将棋小説が好きだ。私は駒《こま》の動かし方が辛《かろ》うじてわかるだけで、盤上の戦況などはまったく読み取れない。にも拘《かか》わらず、夢中で読んでしまうのが不思議だ。例えば、将棋漫画の『ハチワンダイバー』（集英社）。怪物のような棋士たちの、戦いに次ぐ戦いの様子が描かれている。負けた方は死んでしまったりもする。でも、やっていることは将棋だから、ひとつの盤を挟んでふたりの人間が小さな駒を動かすだけ。それなのに、画面からは激しい動きが感じられるのが凄《すご》い。どんどん引き込まれてゆく。

作者の柴田ヨクサルは以前、『エアマスター』（集英社）という格闘漫画を描いていた。肉体と頭脳、それぞれに次元は異なっても、戦いという点では通じるところがあるのだろうか。将棋には格闘感覚の全てが詰まっている、という意味の言葉もどこかでみた記憶がある。

前作の『エアマスター』で印象的なのは、男と女が対等に戦うことだった。そもそも主人公が女性なのだ。

一方、『ハチワンダイバー』は将棋漫画だから、男女だけではなく、老若も対等に戦う。年齢も性別も社会的な地位も、一切の条件が関係しない次元で行われる純粋な勝負。それはこの世の重力から解放された魂と魂の戦いという様相を呈する。その自由さを羨ましいと思う。

将棋小説『風果つる街』（角川文庫）の作者は夢枕獏である。こちらも『獅子の門』などの格闘小説で知られた作家なのが面白い。

本書の主人公加倉文吉は賭《か》け将棋で生活をしている「真剣師」。しかも、けっこうな年寄りなのだ。住む家もなく、家族とも離れ離れ。一見、みじめな存在だが、頁《ページ》をめくるごとに、戦いに懸ける執念に目を惹《ひ》きつけられてしまう。

「バケツを頼む――」

しわがれた声で、文吉がそう言ったのは、夜の十一時三分であった。

ポリバケツが来た。

一手を指し、文吉は立ちあがると、そのポリバケツを手に取って、その中に放尿した。

たっぷりと、濃い黄色い液体が出た。

小便に立つ時間もなくなっているのである。

三十分後にバケツがふたつになった。

午前一時になった。奇跡のように、一分将棋が続いた。
文吉と、宇津木の荒い呼吸が、部屋の中に響いている。
二人だけが眠っていなかった。（略）
午前二時をわずかにまわった時、文吉の出した小便に血が混じった。
につっ、と、初めて文吉がひきつった笑みを見せた。

一体どうなってしまうのか、この勝負の行く先を見届けたい、という気持ちが募ってゆく。
プロ棋士になるには決まった道がある。年齢制限もある。なんらかの理由でその道に入れなかったり、そこから逸れてしまったりした人間は、どう足掻《あが》いても表の世界のプロにはなれない。日の当たる場所に出ることは叶《かな》わないのだ。
それでも自分には将棋しかない、という思いの強さが「真剣師」である「文吉」や「宇津木」の執念を支えている。普通に暮らしている我々の生活には、そんなぎりぎり感はない。だからこそ、彼らが自分の代わりに戦っているような錯覚に囚《とら》われてしまうのだ。

「何だったんでしょうね（略）わたしの、これまで生きてきた人生ですよ。なんにもない。普通の者よりは将棋が強いという、それだけのものです。（略）けれど、わたしくらい指す人間は、大勢います。結局、この歳まで、女もなく、子もなく、ごらんの通りの有様です。（略）哀しくてねえ。何かを、残したかった。わたしに残っていたのは、さっきも言いましたが、将棋だけでした——いえ、将棋ではありません、正確に言うとね（略）わたしに残っていたのは、将棋というよりは、浮熊という、あの戦法です。わたしだけのものが仮に何かあるとしたら、この浮熊だけ——」

物語の最終局面では、「真剣師」の代表としてひとりの若者が表のプロの最高峰に挑むことになる。その時に彼が使った戦法は、かつて或《あ》る「真剣師」が編み出した「浮熊」。たまらない展開である。

一転して『大山康晴の晩節』（河口俊彦、新潮文庫）は実在した専門棋士についての本だ。しかも「大山康晴」と云《い》えば、通算千四百三十三勝、名人在位通算十八期の永世名人、つまりは史上最強の棋士である。

その強さの秘密を探っているのだが、「偉大さは、全盛時より、棋力、体力の落ちた晩年の頑張りにあらわれていると思う」として「晩節」にこだわったところも興味深い。また本書の場合、著者自身が実際に大山とも戦ったことのある元プロ棋士というところが大きなポイントになっている。

具体的な手筋の解説はもとより、リアルタイムで見聞したさまざまなエピソード、さらには戦う者の心理についての描写などに、現場の人間だけが味わい、描き出すことのできるリアリティが溢《あふ》れている。例えば、破天荒な人間的魅力があったライバル升田幸三と大山との関係性の描写。

だから、升田が名人になったときの控え室の喜びようといったらなかった。記者だけでなく、カメラマンまで舞い上り、投了の場面の再現までせがんだ。

大山は平然と要求に応《こた》え、駒台《こまだい》へ手をやり負けました、としっかりした声で言い、頭をさげた。それを要求される度に、何度もくり返した。

想像するだけでおそろしい光景だが、「同じようなことは、まだ何回かあったろう。そうした屈辱を味わって、大山将棋は鍛えられた」と著者は記している。

食欲を激しくくすぐる本

読んでいると、お腹が減ってくる本がある。見るからに美味《おい》しそうな食べ物が出てくる漫画とか。食事のシーンが魅力的な小説とか。

とは云《い》っても、一定の条件があって、作中に描かれているのがフランス料理のフルコースでは駄目なのだ。何故《なぜ》だか、いまひとつ食欲が反応しない。これは単純に私の側の問題なのだろう。たぶん食に関する経験とそれに伴う意識が、そのレベルに達していないのだ。

そう云えば、と思いつくことがある。ファッションショーに出てくるようなモデルさんを見ても、格好いいなあ、凄《すご》いなあ、とは思うけれど、つき合いたいなあ、とは思ったことがない。高嶺《たかね》の花っていうのとも、ちょっと違っていて、最初からそういう意識が発動しないらしいのだ。

フランス料理の場合も、それと似ているような気がする。本のなかだけではなくて、実際の生活においても、ああ、フランス料理のフルコースが食べたくてたまらない、と思ったことはない。カツ丼とかラーメンとかお鮨《すし》とかカレーとか鯛焼《たいや》きについては、激しくそう思うことがあるのに。
このジャンルでまず手放せないのは、平松洋子の『焼き餃子と名画座』（アスペクト）。この本の誘惑は強烈だ。例えばとんかつ。

堂々の厚さ、美しい短冊に切り揃えられた一片を、箸でつまみ上げる。すると、どうだ。きつね色に染まった衣のしたからのぞくピンク色のつや。肉がむちっとふくらんで、あたしだけのもの。がしとつまむと、しっとりつややかな肌からほのかに滲み出る肉汁。はじにはきらきら真珠色に輝くロースの脂。長いひと切れを口のなかへ運ぶ。噛む。さくっ。噛む。じゅわあ。噛む。とろーっ。閉じこめられていたうまみが一気に炸裂して、舌から順番に溶けてしまいそうだ。

或《あ》るいは、うなぎ。

蒸しかげん、焼き加減の仕事ぶりも唯一無二だ。紀州備長炭でこんがりと焼かれているのだが、焦げたところがない。かりっと炙った炭火より、むしろ蒸した蒸気のつよさを感じるといったらよいか。いや、身のうえにはごくうっすら、炙った勢いがたしかに乗りきっている。しかしそのすぐしたは、ふわあ、しっとり、ねっとり、とろり。

もっていかれる。うなぎのおいしさにさらわれていく。

これ以外にも、カレー、ドーナッツ、チキンライス、肉豆腐、冷し中華、ふぐ等々それぞれの旨味《うまみ》についての圧倒的な描写に、食欲が腹の底からうおおおっとなる、って変な日本語か。

或《あ》る意味では、本書は記憶の増幅装置のようだ。今までに食べたとんかつやうなぎの旨味が、現実の記憶以上の魅力とともに、心の奥で爆発的に甦《よみがえ》ってくる。

でも、それだけではない。この本には、今までに食べたことがないものや、食べてはいてもそんな風に味わってはいなかったということがたくさん書かれている。

例えば、韓国料理のフェ冷麺についての章で紹介されるこんな言葉。

「噛み切らないのもおいしいんだよ。うつわのなかからのどを通っておなかのなかまで麺がずーっと一本につながっている、麺好きにはその感覚がこたえられない」

へえっ、そんな捉え方があるのか、と驚きつつ、なんともいえない説得力を感じる。噛《か》み切れない＝良くない、という価値観が覆されて、今度は自分も「その感覚」で麺に挑んでみたいと思うのだ。

「わたしの東京　味歩き」というサブタイトルをもつ本書の場合、引用したとんかつは新橋の「燕楽」、うなぎは「尾花」、フェ冷麺は「チョンギワ」というように具体的な店名がわかってしまうのも危険。巻末の「店一覧」を見ながら片っ端から、攻めたくなってしまうのだ。

まったく別の角度からみると、魚喃キリコの『ハルチン』（祥伝社）もいい。グルメ漫画や料理漫画なら無数にあるけど、これはひと味ちがっている。

若い女性の日常に自然にあらわれる食べ物たち。と云いつつ、仕事帰りに「イベント」と称してアイスクリームやチョコレートを山ほど買ってきて親友と食べるとか、食べ歩きの楽しさとか、サンマを上品に食べられる女になるために頑張るとか、親元からの差し入れとか、ダイエット（の失敗）とか、どこかジャンクなテーマが多く、その生々しさに惹《ひ》かれる。

例えば、近所のスーパーでモデルに遭遇する、というエピソードはこうだ。

「でさでさ、そのモデルッ、レジでも偶然あたしの前に並んでさ、…ここであたし突然笑えなくなったんよ。そのモデルのカゴの中にはエビアンと無糖ヨーグルトとアボカドしか入ってなかったの…。あたしのカゴには…大根をはじめとしたチクワやらハンペンやらのおでんの具…生活感満さい。同じ女としてショックだったけど…でもあたしやっぱおでん食べたいし…。あーあたしはつくづくモデルにはなれない星の下に…」

思わず、くすっとなりながら、なんだか「おでん」が食べたくなる。

最後に短歌を紹介したい。昔から旨そうな酒の歌はたくさんあるんだけど、それに比べて、旨そうな食べ物の歌って意外なほど少ない。その理由はなんとなくわかる。酒はどこかで心の飲み物って印象があるけど、あくまでも体のものである食べ物は、詩歌《しいか》の世界に馴染《なじ》みにくいのだろう。

そのなかで例外的に思いついた作者は斎藤茂吉。引用歌では、うで卵、冬粥《ふゆがゆ》、鰻《うなぎ》、味《み》噌《そ》汁《しる》が詠《うた》われている。ここから伝わってくる食べる前の期待感、そして食べたあとの満足感。本当に嬉《うれ》しそうだ。

ひとり居て卵うでつつたぎる湯にうごく卵を見ればうれしも
冬粥を煮てゐたりけりくれなゐの鮭のはらご添へて食はむと
あたたかき鰻を食ひてかへりくる道玄坂に月おし照れり
現世のうまき品々あまたあれど味噌汁大根《おほね》吾は忘れず

超・現実的な提案をする本

物凄《ものすご》い倹約家とか、徹底した健康オタクとか、極端な整理マニアとか、細切れ時間利用の鬼とか、日々の生活にさまざまな工夫をしまくっている人の本を見ると、つい手に取ってしまう。

勿論《もちろん》、それらを参考にして、できるなら真似《まね》をしてみよう、という気持ちがあるからだ。

だが、実際に書かれたものを読んで、彼らの意見や行動を知ると、これはとても自分には無理だ、と思ってしまう。でも、というか、だからこそ、それらの本は読みものとして面白いのである。

例えば、『究極の文房具ハック』（高畑正幸、河出書房新社）には、主に文房具やデジタルツールの利用に関する細かいアイデアがぎっしり詰まっていて、その徹底度に感銘を受ける。

本の帯には「超・実践的」と書かれているのだが、中身を読んでいくうちに、もしかしてこれは「実践を超えた」という意味での「超」なんじゃないか、と思えてくるほどだ。

「アクリル板で書類のサイズを統一する」とか、「同じ靴下を15足、買ってみた」とか、ちょっと頑張れば真似できそうなところから始まった話が、「机の裏側を開拓する」「雑誌はその場で破りながら読む」とぐんぐんエスカレートしてゆく。

そして「ベルクロを活用する」の項に載せられた写真を見てびっくり。携帯、デジカメ、HDD、カードリーダー、ボイスレコーダー、名刺ケース、電子辞書、電卓などのすべてが、ベルクロでバッグに固定されているではないか。

ちなみにベルクロとは、面ファスナーのこと。スニーカーや財布などに付いていて、剝《は》がすとベリリッとなるあれである。

本文から引用してみよう。

　もちろん貼り付けるものはデジタル系に限らない。オスのベルクロを常に数十cm切り取って折りたたみ、カバンに入れておけば、いつでも増設・カスタマイズが可能である。フリスクのケースだろうが目薬だろうが、マイ箸ケースだろうが、表面に平らで硬い部分があれば、ベルクロを適当に切って貼り付けてぴっちり並べることができる。

うーん、凄い。まさにベルクロ帝国だ。

でも、ここからさらに先がある。著者は「片面が白紙のトランプ（引用者注：というものが手品の専門店などに売っているらしい）に油性ペンでメモをとる」というシュールな境地にまで到達してしまうのだ。

「非常にコシが強く張りのある紙で、滑りの良さ、しっくり感、そして抜群の耐久性は、さすがにギャンブルの長い歴史に培われただけのことはある」って、一体なんなんだ。

もはや「超・実践的」というよりも「超・現実的」な世界にうっとりさせられる。

一方、新しい整理法を提案している『ＦＩＬＩＮＧ　混沌のマネージメント』（株式会社竹尾編、宣伝会議）の帯には、こんな言葉が記されている。

机の上を片付けてはいけない

へえ、と驚いて、思わず手に取った。なんてキャッチーなコピーなんだろう。わざわざ云《い》われなくても机の上を片付けないのは得意だぞ、と嬉《うれ》しくなる。

でも、これと同時に「身の回りの仕事環境から苔のように、あるいはカビのように興味というものが培養されてくる。そこにどう水をやり栄養を与えていくかということ」と書かれると、急に自信がなくなってくる。私のは単なるぐちゃぐちゃだからだ。

そう云えば、と以前みた写真のことを思い出す。小説家の坂口安吾が散らかりまくった部屋のなかにのっそりと座っている有名なポートレイト。あの乱雑さは妙に格好よかった。同じぐちゃぐちゃでも、私のそれとは、何かが決定的に違っている。『FILING』のなかにも、そんな格好いいぐちゃぐちゃの例がたくさん出てくる。ポール・スミスのぱんぱんに膨れあがって溢《あふ》れそうな手帳とか、立花文穂のいろいろなものを挟み込み過ぎてオブジェ化したダイアリーとか。持ち主の突き抜けた感覚と創造性が視覚化されているようで、じっとみてしまう。

今までに読んだ健康関連本のなかで、最も濃かったのは、『北芝健のアンチエイジング道場』（バジリコ）である。

タイトルからして「道場」だし、著者の北芝健は元警視庁刑事ということもあって、それは行き過ぎなんじゃないか、と思えるような極端なアイデアや裏技が満載。純粋に読み物として刺激的なのだ。例えば、以下は「テンションを上げたいときの禁じ手」についての引用。

「これは〝禁じ手〟ではあるが……」

刑事時代、大先輩のデカ長がこう言いながら、部下の私たちに、ある秘策を教えてくれました。

「テンションを高めたいときには、強心剤である『救心』1粒を、コーヒーといっしょに飲むといい」

と言うのです。

この薬をコーヒーで飲むと、テンションが上がるばかりか、ガラッと性格まで変わってしまうということでした（その根拠はいまだに謎ですが……）。

刑事のくせにそんなドーピングして大丈夫なのか、などと思いつつ、そこまでテンションを上げる必要のない私はこの過激さを楽しむ。

他にも「チョコレートの一気食いで思考力ＵＰ」とか「変死体を扱った後に、精神を回復させる方法」とか「極妻が山ほど買い込んだシジミを煮詰めて作ったエキスによって、ひと昔までのヤクザは肝臓疾患を予防」とか。

果ては「フライドチキンの皮を剝ぎ、さらに表面の脂をティッシュペーパーで拭って食べることで、ボクサーたちの身体機能は向上」に至るまで、具体性と意外性に富んだ記述の数々から「超・健康法」的な凄みを堪能することができるのだ。

もうひとつの世界

現実とは別の「もうひとつの世界」を描いた作品が好きだ。でも、「もうひとつの世界」を魅力的に描くのは簡単なことではない。単なる思いつきの楽園とか安直な地獄には説得力がなくて、一気に興醒めしてしまう。

「もうひとつの世界」と云《い》って、すぐに思い出すのは例えば夢。これは我々の日常生活における最も身近な別世界だが、小説や漫画のなかでは夢オチは一種の禁じ手となっている。「いろいろ不思議なことがあったけど実は全部夢でした。おしまい」では、やはり納得がいかない。

『夢みごこち』（フジモトマサル、平凡社）は、この禁じ手を逆手にとった漫画作品である。なんだ夢だと思ったら夢だと思ったら夢だと思ったら夢だと思ったら夢だと思ったら……と目覚め続けて、どこまでもどこまでも夢の底が抜けてゆく。

読み進むうちに、それらの夢と夢とが微妙に結びつき、次々に繋《つな》がって、全体が奇妙な現実感を帯びてくる。目覚めることで脱ぎ捨ててきたはずの無数の夢たちが、いつの間にか現に生きているこの世界と重なり始めるのだ。頁《ページ》をめくりながら、どきどきしてくる。もしかして、夢だと思っていたものの全ては現実だったのか。

鍵になっているのは「榮造」と「志保」である。この名前をもつ男女が、夢と夢の境を超えて繰り返し出現する。その度に違った姿で何度も出会う「榮造」と「志保」。或《あ》る時、二人はこんな会話を交わした。

「志保が人生で最高に幸せを感じた日はいつ？」

「そうねえ、やっぱり子供の時かな。家族ではじめて海水浴にでかけた日。海水はお湯みたいにぬるくって、水面がきらきらしていて、みんな笑ってた。この時間がずっと続けばいいと思った。榮造さんは？　人生で一番幸せだった日はいつ？」

「今日、この日だな。」

「今日⁉」

「うん。君と一緒で幸せだ。天気は晴朗。紅茶もおいしい。不安もなくすべてが満ち足りている。」

「そう……もっと早くそういう言葉を聞きたかった。私を置いて宇宙の彼方に行ってしまう前に。」

穏やかな真昼の世界がいきなり真空の宇宙に変わってしまった。あたまがくらくらする。しかし、これもまたひとつの夢なのだ。

物語の最後で「榮造」と「志保」はぎりぎりの現実を手に入れる。それは覚めることを許されない夢に似ている。

『蕃東国年代記《ばんどんこく》』（西崎憲、新潮社）は、蕃東国という架空の国が舞台になっている。「日本海に位置する国家で本州と海州と西州の三つの島からなる。人口六千万、首都は景京。言語は蕃東語。通貨単位は貫。詩や歌や謡が盛んで、音楽は多様性に満ちている」という設定が興味深い。

全体がまったくの作り物世界というのではなくて、蕃東国は日本の隣国であり、我々の現実のパラレルワールドにもみえる。その描き方にみられる作者特有のセンスが冴《さ》えている。

例えば、四人を乗せて漂流中の小舟の上に、妖怪めいたものが現れるシーン。

その時、笑い声が響いた。
「面白いか、面白いぞ」と声が云った。
舳先を見ると奇妙なものがすわっていた。
それは小さな頭をした、子供のような、老人のようなもので、緑色の粗末な衣をつけていた。両の頰に大きな赤い痣《あざ》が見えたが、それはよく見ると穴であって、そこから口の内側が見えているのだった。穴のなかで時折赤い舌が閃《ひらめ》いた。
「何だ、お前は」貴族が尋ねた。

「何でもないか、何でもない」とそれは答え、けらけらと笑った、そして重ねて云った。
「面白い話があるか、面白い話があるぞ」
「なんじゃ面白い話とは」
「助けてやろうか、助けてやるぞ。大事なものをくれるか、大事なものをくれ」

一人でリフレインするような妖怪の喋《しゃべ》り方が、なんともおかしい。それでいて妙に腑に落ちる。会ったことないけど、あやかしって確かにこんな風に喋りそうだ。よく思いつくなあ。何かルーツがあるのだろうか。この味わいによって、「もうひとつの世界」の現実感が一気に増している。

シュールな四コマ漫画や『ぼのぼの』などの作品で知られるいがらしみきおのホラー漫画『Ｓｉｎｋ』(竹書房)も必読の一冊(全二巻だから二冊か)である。

本書では「もうひとつの世界」と現実世界の逆転が描かれている。我々が現実だと思っているこの世界の方が実は「もうひとつの世界」であって、本来のあるべき世界は別にあったんじゃないか。そんなことを感じさせられる。

そして、或る日、その世界から我々の世界への異様な復讐《ふくしゅう》が始まるのだ。街を歩いていると電柱の高い場所に自転車が縛りつけられている。押入やタンスの中にぎっしりと土がつめられている。林檎《りんご》の真ん中を生魚が貫いて刺さっている。あちら側の世界からのささやかなメッセージたち。鳥肌が立つ。

こちら側からあちら側に行ってしまった友人の言葉はこうだ。

「山下君、この世界で我々が幸せになれると思うかね。国家だの社会だの家族だの、ありもしないレールを敷いて、そのレールの上を行くしか幸せなどないようなウソをつき合って。そうさ、我々はみんなお互いだまし合ってるんだ。みんながみんなそのレールの上を行くように仕向けるためにね。君は幸せを実感することがあったかい。幸せだと思うそばからその幸福感は消えて行ってしまうんじゃないのかね。山下君、君はこう思ったことはないか？　誰かにだまされてる、誰かにだまされてるって。山下君、教えてあげよう、この世界のほんとうの姿を」

そして、「山下君」はそっと耳打ちをされるのだ。

自由なはみ出し者に出会う

あれは何のコマーシャルだったろう。ずいぶん昔のことだが、高倉健が不器用そうに何かをした（苦労しながらセーターを脱ぐんだったか、犬を洗うんだったか、トンカチで釘《くぎ》を打つんだったか、幾つかの記憶が混ざってしまってはっきり思い出せないのだが）後でひと言、「不器用ですから」と云《い》うものがあった。そのまんまじゃないか、と思って子供心に可笑《おか》しかった。

確かに、その台詞《せりふ》は彼のイメージにぴったりだった。と同時に、コマーシャルにおいて、この逆の決め台詞、つまり「器用ですから」は健さんじゃなくてもありえないよなあ、とも思った。何故《なぜ》なら、その言葉に感情移入する視聴者はほとんどいないと思われるからだ。

自分は生き方において器用だと思っている人と、不器用だと思っている人の割合は、何対何くらいだろう。或《ある》いは、自分は現在の居場所にぴったりはまっていると思っている人と、なんだかずれていると思っている人の割合はどうか。

いずれの場合も、後者の方が圧倒的に多いのではないだろうか。ほとんどの人間は、自分が不器用だと感じていると思う。そして、現在の居場所からはみ出さないように、あれこれと気を遣いながら生きているのだ。

だからこそ、我々はその枠から飛び出して、本当にはみ出してしまった存在に憧れる。はみ出し者の物語を読みたくなる。その姿を間近でみたくなるのだ。そういえば、高倉健はそんな役柄を演じることが多い役者でもあった。

今回は、現実を脱ぎ捨てるようにして魂の居場所を求めるはみ出し者に出会える本を、幾つか挙げてみたい。

『真剣師 小池重明』（幻冬舎アウトロー文庫）は、「新宿の殺し屋」と異名をとった伝説的な棋士の物語。しかも作者はＳＭ文学の第一人者であり将棋マニアとしても知られる団鬼六である。

この組み合わせで面白くならないはずがない。頁《ページ》をめくるごとに、実人生においては完全な破綻者でありながら将棋だけは異様に強かった男の存在感に惹《ひ》きつけられる。

以下は本書からの引用である。

このときの模様を白井（康彦）氏は『将棋ジャーナル』の小池重明追悼号に次のように書いている。

――こちらもこの年、学生名人になったところで小池さんの強腕の評判を聞いてはいたが、いい勝負に持ち込めるだろう、という自信があった。戦型は小池さんの四間飛車穴熊であった。結果は私の完敗となる。その将棋の内容より私が驚いたことは小池さんが対局中、横になって眠ってしまったことだ。

これ以外にも、小池重明の四十四年の人生は、良くも悪くも唖然《あぜん》とするようなエピソードだらけ。その自由さが羨ましくなる。

須藤洋平の『みちのく鉄砲店』（青土社）は、二〇〇七年に中原中也賞を受賞した詩集である。

例えば、「こぶし」という作品の冒頭はこうだ。

よつんばいにされてみんなにおしりの穴を
みられたときはどうにかがまんできたけど
今日がけからおとされた自転車のことを思うと涙がとまらないんだ

「孤独とじゃれあえ！」という詩はこんな風に始まる。

真夜中、家中の酒という酒を全て飲み干し、それでもまだどこかに隠してあるんじゃないかと乱暴に探し回った。母は泣いて僕に付いて回り、父はだんまり。そして

神棚のお神酒を飲もうとした時、母は泣き崩れた。（お神酒の中には蛾が溺れ死んでいた）

いずれも続きを読まずにはいられない気持ちにさせられる。「あとがき」によると作者は「トゥレット症候群」であるらしい。それがどんなものか私にはよくわからないのだが、言葉のひとつひとつに貼《は》りついた孤絶感とその輝きは凄《すご》い、と思う。以下もまた「孤独とじゃれあえ！」の一節。

僕は一番辛かった頃のように、つまり
ケダモノと呼ばれていた頃のように
意味のない言葉を叫んでいた。

さて、当然のことながら、社会の枠組からはみ出すのは男だけではない。「一匹狼」とか「流れ者」とかいうような格好よさげな言葉がしっくりこない分、むしろ女の方が立場は厳しいのではないか。逆に云うと、真のはみ出し者魂は、女のなかにこそ宿るのかもしれない。

ママ、びっくりしないで、泣かないで、落付いてね。そう、わたしは旅にでたの。

ただの家出じゃないの、旅にでたのよ。四国遍路のように海辺づたいに四国をぐるりと旅しようと思ってでてきたの。さわがないで。さわがないでね、ママ。いいえ、ママはそんな人ではないわね。

こんな印象的な書き出しをもつ小説『旅の重さ』（素九鬼子、筑摩書房）の主人公は、十六歳の少女である。
学校や家庭という場からはみ出してしまった彼女は、魂の器を求めるように旅に出る。その目を通してみることによって、行く先々で出会う何気ない出来事や景色のひとつひとつが、鳴り響くように鮮烈に感じられるのだ。

井戸の中を見ると大分深いようです。よく見ると、下駄の片方が浮いているわ。蛇の死骸も浮いているわ。口笛を吹くと、反響して渦巻きながら昇ってくるの。咳やくしゃみまで、吐息まで、すばらしい音に変化して帰ってくるわ。

きらきらした世界から無限に遠い青春

若い頃、テレビのコマーシャルの中の青春が眩《まぶ》しかった。波打ち際を笑いながら走ったり、仲間たちとバーベキューをしたり、男女の目と目が合ってパーティーからこっそり抜け出したり……。

ああいう世界がどこかにあると思うと、頭がぼーっとなった。現実の自分の生活と「あの世界」との関係がわからない。というか無関係。

現実の自分の生活とは、ツナの缶詰を開けてマヨネーズとぐりぐり混ぜながら、「ツナとシーチキンってどう違うんだろう」と考えるような暮らしのことだ。

ツナマヨネーズご飯よりも美味《おい》しいものが想像できない。確かに寿司《すし》も焼肉もいいけど、ツナマヨネーズご飯よりも圧倒的に美味しいか、と云《い》われると疑問だ。値段の差を考慮すると、むしろツナマヨネーズご飯の勝ちではないか。

そんな私は、けれど、自分がいる世界に満足することができない。何故《なぜ》だか知らないけど、コカ・コーラのコマーシャルのようなきらきらした青春に参加してみたいのだ。

でも、どうやったら「あの世界」に行けるのか、わからない。現実にあるのかないのかも不明な世界に憧れ、憎みながら、じたばたしているうちに四十九歳になってしまった。老眼だ。

今の私は、「あの世界」を描いた作品以上に、そこからかけ離れた青春を表現した作品を怖れながら熟読してしまう。何故、怖れるのだろう。鏡を見せられたように感じるからか、それとも、それらの作中の主人公と同じように「この世界」でへろへろと生きていながら、密かに「あの世界」に憧れる自分を裏切り者のように感じるからだろうか。

今回は「あの世界」から無限に遠い青春を描いた漫画を三作品紹介してみたい。

『初期のいましろたかし』（いましろたかし、小学館）には、きらきらの正反対の青春像がぎっしりと詰まっている。

アパートの電気を消して、苺《いちご》のショートケーキにローソクを一本灯《とも》して、ひとりで食べる男。

立ち食いそば屋で「ミニカレー」を食べ終わってから、公園に行って噴水型の水飲み場で「あむあむ」と水を飲む男。

ノートの頁《ページ》いっぱいに「女子大生女子大生女子大生女子大生女子大生」と書いている男。

亀の餌《えさ》を買う男。

漫画の中では現実よりも面白いことが起こる、という読者の予断が徹底的に打ち破られる。「面白いこと」が起こらないことが面白いという不思議。「あむあむ」ってところとか。

本書には「祝辞」として、江口寿史、西原理恵子、松尾スズキ、糸井重里、狩撫麻礼らが文章を寄せているのだが、その中で浦沢直樹がこんなことを書いていた。「いましろ作品は『お宝』などではなく『宝』である」と。

面白い表現だと思う。「あの世界」に憧れているうちに、いつの間にか私たちは「宝」を「お宝」と、「セックス」を「エッチ」と、それぞれ云い換えて、暮らすようになったのではないか。

いましろ作品の登場人物たちは、その流れにまったく乗れていない。彼らのズレ方は凄《すご》い。私は笑ったり、尊敬したり、後ろめたく思ったりしながら、その姿を凝視してしまう。

『僕の小規模な失敗』（福満しげゆき、青林工藝舎）の主人公の内省的な駄目さにも親近感を覚える。考え過ぎてなにがなんだかわからなくなってしまう感じがいい。

なにしろ、車に撥《は》ねられながら「あああああ～ボンネットに乗ったたぁ～恥ずかしいよお～～!!」と思っているのだ。それどころじゃないだろう。

また居酒屋での飲み会の時に「女の足を……こんな近くで見るのははじめてだ……」と思ったりするのも生々しい。

他に「テレビの電源を入れるだけの人生……」「大学のコイツらみんな嫌いだ……なんか……みんな透明のケースに文具入れてるし……」「なぜか逆にホームレスに対する

憧れが強くなってくる」など。
どれもわかる。「透明のケースに文具入れてるし」にみられるようなディテールにも奇妙な説得力がある。
花輪和一の『刑務所の前』（小学館）は、名作『刑務所の中』の前日談という形になっている。この中に自らの青春を回想する言葉が出てくる。

「若い人は屈託がなくていいよな。おれにもそういう時があったんだろうけど、一体何をしてきたんだろう。本栖湖キャンプとアメ横通いでおれの青春は終わったなあ。今思えばな。うん、まあしょうがねえな。」

「本栖湖キャンプ」とはモデルガンマニアの集《つど》い、「アメ横通い」はモデルガン購入のためらしい。つまりは、この趣味がエスカレートして本物の銃に手を出した結果、主人公は『刑務所の中』に入ることになったわけだ。
しかし、きらきらした「あの世界」から最も遠く、最終的には犯罪に至った趣味への陶酔感は、モデルガンにまったく興味のない読者にも、たまらない面白さを感じさせてくれる。

「これをオカズにながめつつ、カップメンなんか食った日にゃ、もうこたえられねってな。一時はもうダメかと思ったからさあ。よかったなあ、としみじみ。（略）中からでた泥サビもすぐには捨てませんよ。第一もったいないじゃん。絵の具皿に入れといて、ルーペでよく見てからじゃないとな。」

「これ」とは腐食した本物の銃（でも、内側は意外にきれいだったことを喜んでいる）のこと。「これ」を「オカズ」に「カップメン」もいいけど、さらに素晴らしいのは「泥サビ」も「ルーペ」で見て楽しむってところ。コマーシャルの中で青春の一齣《ひとこま》として、このシーンをやってくれないかな。

昭和の強烈な濃度を懐かしむ

或《あ》る時期から自分の心が昭和モノに反応するようになった。書店に行っても、昭和を感じさせる本が妙に気になってしまうのだ。文学に限らず、昭和を扱った作品は増えているようだから、これは私だけの傾向ではないのだろう。

何故《なぜ》そうなったのかは、わからない。未来に明るい希望が持ちにくいとか、自分自身が年をとったとか、色々な理由があるんだろうけど、ひとつ確かなのは、今はもうまったく昭和ではないってことだ。当たり前過ぎるようだけど、仮に今年が昭和八十六年だったらどうだろう。それでも私の年齢は変わらない。でも、昭和という時代に対する感じ方はまるで違ってくるはずだ。だって、まだ続いてるんだから。

けれど、現実世界の今年は平成二十三年。昭和は遠くなりにけり、だ。

日常的にも、昭和を知らない人（まだ生まれてなかったとか、生まれていても記憶にないとか）たちと話をする機会が増えるにつれて、逆に自分のなかの昭和を強く意識してしまう。

「三丁目の夕日」的に美化されたノスタルジーもいいけど、昭和を最大限に味わおうとすると、よりさまざまな角度から描き出したオカズが欲しくなる。

例えば、漫画だったら『うすバカ昭和ブルース』（東陽片岡、青林工藝舎）。テレビの上のアンテナ、切手型の窓硝子《ガラス》補修、溲瓶《しびん》、天花粉《てんかふん》、そして畳と卓袱台《ちゃぶだい》の圧倒的な存在感。背景からも強烈な昭和臭が漂ってくる。そこに描かれているのは、こんな人間たちだ。

「さっき新宿のビニ本屋で買ってきたんだ。４５００円もしたんだぜ。やっぱこの手の本は、店には並べられねえからな。店のオヤジが頃合いを見て、ゲリラ的に販売するんだよ」

（回想中の場面）「えー皆さん、衝撃の新作が入荷しましたので、レジの前にお集まり下さーい」

懐かしい。私はリアルタイムではビニ本を買えなかったけど、懐かしい。描かれた風俗もさることながら、なんと云《い》っても画風そのものが凄《すご》い。本書には、現在つまり二十一世紀の描写もあるんだけど、それがすべて昭和に見えてしまうのだ。バブルとか平成とかを通過していないというか、日本にそういう時代があったことを知らないかのような世界像だ。

だが、本当は知らないのではなくて、それらを強く拒否しているのだと思う。

「さいたま市って、平仮名の地名がイヤだったの。アタシね、これを考えた奴って、ものすごいバカだと思うわ」

「世の中は、どんどんクールビズになってるからね。あーやだやだ。背広ってさ、仕事する男の戦闘服だと思うのよね」

「さいたま市」「クールビズ」という内容から、これらが昭和の話ではないことは明らかだ。だが、敢えて「スーツ」ではなくて「背広」に拘《こだわ》っている。この「平成的なるもの」への強い嫌悪感が、本書の昭和濃度の異様な高さを支えているのだろう。

『Showa Style　再編・建築写真文庫〈商業施設〉』（都築響一編、彰国社）は、写真集である。

本を開くと、和洋折衷な昭和の建物と風景が目に飛び込んでくる。読み進むほどに、胸が締め付けられるような気持ちになる。

この感覚はなんだろう。単純に昔の風景だから懐かしい、というのとは違う。何故なら、写された建物の多くは未来を先取りしているように見えるのだ。選び抜かれた先鋭的な「商業・公共施設」の写真だから、ということもあるだろう。等身大の昭和とは異なるレトロフューチャーというか、未来的な佇《たたず》まいを感じさせるものが目立っている。

昭和から見た未来。それって、我々が現に生きている「今」じゃないか。でも、窓の外の景色は、この写真集に収められたそれとは似ても似つかない。何故だろう。一体どこで道が分かれてしまったのか。

本書の元になった建築写真文庫の最終巻が出版されたのは一九七〇年、すなわち大阪万博が開かれた年である。前書きにあたる部分には、こんな言葉が記されている。

明るい未来がかならずやってきて、建築がそのためにかならず役立つという、いまでは幻想でしかない思いこみを全世界が共有できた、それは最後の万国博覧会だった。

本当はそうなるはずだったもうひとつの「今」の姿を求めるように、私は本書の頁《ページ》をめくってしまうのだ。

『ミドリツキノワ』（やすたけまり、短歌研究社）は、短歌研究新人賞を受賞した作者のデビュー歌集である。五七五七七の定型空間のなかには、散文では表現できず、写真にも写らない、昭和の子供の感覚が生々しく息づいている。

じいちゃんの部屋の富山のくすり箱トンプクケロリンけむりのにおい

「今月の組み立てふろく」のりしろがずれてゆがんだ太陽の塔

ボートから腕を伸ばして先輩が水中メガネでくみあげる海

一首目、「トンプクケロリン」とは薬の名前だろうか。「けむりのにおい」が妙にリアルだ。二首目、「組み立てふろく」の「太陽の塔」というキッチュな豪華さ。「のりしろ」さえも昭和的な存在に思えるのが不思議。三首目、「ゴーグル」じゃなくて「水中メガネ」、「水」じゃなくて「海」ってところがポイントだ。
他にも「レコード」「サイコロキャラメル」「トッポ・ジージョ」「サスケ」などが詠《うた》われているのだが、さらに興味深いのは、そうした具体的なアイテムを含まない歌のなかにも、昭和の空気感だけが確かに封じ込められていると思えるところだ。

ジュズダマの穂をひきぬけばひとすじの風で河原と空がつながる
ニワトリとわたしのあいだにある網はかかなくていい？　まようパレット
さわってはいけないものを投げあげたストップモーション塩素のひかり

ぽろっと零れた肉声の面白さ

肉声の面白さというものがあると思う。複雑に構成された長編小説や高度なレトリックによって書かれた詩歌《しいか》もいいんだけど、生身の人間がぽろっと零《こぼ》したひと言のなかに、それらに優るとも劣らない味わいが宿っていることがある。

例えば、以前も自著のなかで触れたことがあるのだが、「でも、さっきそうおっしゃったじゃねえか！」という発言をきいたことがある。

会議の席上での台詞《せりふ》だが、短い言葉のなかに、その場の状況や人間関係や発言者の感情がいっぱいに詰まっていて、感銘を受けた。まあ、思わず笑ってしまったってことだけど。

今回は、肉声という観点から、面白かった本を紹介してみたい。

『大正時代の身の上相談』（カタログハウス編、ちくま文庫）は、文字通りの内容をまとめた一冊だが、もともとは大正時代の新聞紙上に載ったものらしい。どの文章からも相談者の心の声が生々しくきこえてくるようだ。

「私の夫は、以前、子供が二人もいたのに、貞操のことで九年間暮らしていた妻を離別しました。その後妻に来たのが私です。

私は当時、夫の心を知らなかったものですから、自分にも過去のあることを隠して継子をみるのが罪ほろぼしと思ってきたのです。そして今では、合わせて四人の子持ちです。

ところがこの頃になって、夫は私の過去を知って大いに怒りました。『俺は処女を知らなかった。男と生まれた生きがいもない。処女を妾として置くから、公然と承知せよ』と迫り、現に薄給の身もかまわずに、そっちの方面に金をかけて家政を顧みません。（略）

どうかして、怒る夫に妾を置かせずにすませる工夫はありますまいか」

その時代ならではの悩みって感じだろうか。「男と生まれた生きがいもない」という嘆きの烈《はげ》しさに驚くのだが、この相談に対する答は次のようなものだ。

「お答え　処女と信じて結婚した婦人が二人とも処女ではなかったと知って憤ったというあなたの夫には、同情せずにはいられません。夫婦の関係上、これくらい苦い思いはないでしょう。夫はあざむかれたとも、辱められたとも思うことでしょう」

答はまだまだ続くのだが、しかし、予想した内容とあまりにも違っていて、びっくりする。このケースでそこまで夫に同情するとは。しかも回答者は男性ではなくて、新聞社の婦人記者なのだ。

或《あ》いは、こんなのもある。

「私の夫は当年二十八歳で、ある専門学校を卒業して今では外国商館の輸出係長を務めております。

毎朝、朝飯がまずいと言って食べません。ただ牛乳を一合飲んで出て行きます。午後四時半頃に帰宅して、夕食をすませるとミカンを一度に二十個くらい食べます。甘い物は食べませんが、何か衛生上悪いことはないでしょうか」

「お答え　水菓子は、人間の健康を保つのにもっともよい物ですが、そうそうミカンばかり食べては身体のためになりません。

それゆえ、ミカンのほかにリンゴなども食べるようにお勧めなさい。朝飯は食べないでも、牛乳一合飲めば差しつかえありません」

「ミカンのほかにリンゴなども」って……。完全に真面目なやりとりでありつつ、この上なくシュールな問答にみえるのが凄《すご》い、と思う。

『1993年の女子プロレス』（柳澤健、双葉社）は、ブル中野、アジャ・コング、井上京子、ジャガー横田、長与千種といった女子プロレスラーたちへのインタビューをまとめたもの。

それが非常に面白いのだ。女子プロレスについての知識がまったくない私でも、一気に読み切ってしまうほどの吸引力がある。

基本的には、全員がひとつの時代を振り返って語る、という形式になっているのだが、ひとりひとりの証言には、当然ながら微妙なズレがある。何人もの言葉を積み重ねていくことで、それらが角度の異なるスポットライトのように機能して、或《あ》る時代を照らし出してゆく。その様子が実にスリリングなのだ。

「アジャと抗争していた頃、私はアジャの身体を使ってお客さんと話をしていたし、闘っていたと思うんです」（ブル中野）

「正直、ダンプさんが辞めるのを指折り数えてましたから」（アジャ・コング）

「『男子のマネだ』ってよく言うけど、それを女がやってたらマネじゃないよね」（井上京子）

「天才だと思った。悔しいけどうまかった。でも、京子は私のこと大嫌いだと思うの」（豊田真奈美）

「それを女がやってたらマネじゃない」など、思わずはっとさせられるが、彼女たち全員の言葉に不思議なほどの説得力を感じる。本気で身体を張った時間という裏づけがあるせいだろうか。

『錯覚しなければ』（三角みづ紀、思潮社）は詩集である。だが、修辞のための修辞がまったくなくて、肉声を発する方法を探っているうちに自然に生まれた詩、という印象を受ける。ひりひりするような切実感が宿っているのだ。

二歳にもならない娘が
あらゆるものを可愛いと述べ
その理解に足らない表情で
放置されていたシリカゲルを
「可愛い」
と、にぎりしめていた
あの、
えがおにとどかない。

（「幸福論」）

II

鳥のしおり

×月×日

女性誌で対談する予定の峰なゆかさんの本を読む。
『恋愛カースト』（犬山紙子・峰なゆか、宝島SUGOI文庫）の中にこんなやりとりがあった。

峰　その他のサブカルモテテクとしては、文庫本を読む！　その子に興味なくても、サブカル男子は何を読んでるのか気になってしかたない。

犬山　バッグに本は入れておきたいところだね。ブックカバーとしおりもこだわりのものを。

峰　あいつら、すぐしおりをプレゼントしてくるよね。

犬山　しかもなぜか鳥をモチーフにしたしおり。

峰　（笑）もらった、もらった！

どきっとする。私も女性に「しおり」を贈ったことがあった。あれは、もしや「鳥をモチーフにしたしおり」じゃなかったか。

この本を読まなければ、女性に「しおり」をプレゼントすることが、或《あ》る種の男性のパターン化された行動だと気づくこともなかっただろう。「あいつら」という言葉が胸に刺さる。

「しおり」は値段も手頃だし、それによって本という小宇宙にいつも関われるような気がするのだ。「鳥」なのは、そのとき彼女が読んでいる本がなんであっても、その世界に飛んでゆきたいという無意識の欲望の現れか。

でも、みんなも同じことをしてたんだ。もしかすると、自分が個性的とか素敵とか思って選択している行動の全てが、そうなのかもしれない。

峰さんとの対談のテーマはエロティシズムということで、私は「ウルトラマンが磔《はりつけ》になっているシーンがエロティック」と云《い》おうと思っていた。ユニークな意見のつもりだったけど、急に自信がなくなってくる。

峰　（略）男の人って、彼女の話をするときに「あいつは、これから流行るものが直感でわかるんだよ」みたいなことを真顔で言ってきたりするじゃん。でも、その予言能力を使って女がビジネスで成功するっていうのだとモテからは程遠くて、彼女の予言能力を使って男がビジネスで成功するのが正しい形。奴らはミューズを求めてるんだよね。

ひと言ひと言が心に痛い。男女の関係性という問題に対する切実さのレベルが違うのだ。

×月×日

『天上の虹』の二十二巻（里中満智子、講談社）が出たので早速買って来る。「持統天皇物語」という副題をもつこの漫画のお陰で、万葉集の時代の人間関係が私にも少しずつわかるようになってきた。ビジュアルの力ってすごいと思う。

また、数多い登場人物の中にひとりも悪役をつくっていないところも印象的だ。誰かにその役割を振ってしまえば、ドラマ作りは楽になるだろうに、そういうやり方が慎重に避けられている。ひとりひとりの人間が、それぞれの宿命の中を懸命に生きる存在として描かれているのだ。

世間《よのなか》を憂しとやさしと思へども飛びたちかねつ鳥にしあらねば　　山上憶良

また、丁寧な歴史把握から生まれた解釈による、独自の謎解き的な要素も楽しみのひとつだ。

例えば、本作中では、『古事記』の編者として名を残す「太安麻呂《おおのやすまろ》」が、悲劇の皇子である大津皇子の子供として描かれている。「多安麻呂」だった彼が後年「太安麻呂」と表記を改めたことも推理に一役買っているらしい。

以下は、過去において大津皇子を殺《あや》めることになってしまった持統天皇との会話。

「大伯《おおく》がほめていたそなたの仕事――歴史書が完成したらそれを機会に名を改めることをすすめます。

『多』――を大津大伯そして大田《おおた》ゆかりの『大』に変えてゆかりの人の名を受け継いで生きなさい。それがあからさま過ぎて気にかかるなら『大』ではなく『太』でもいいでしょう。そなたの自由です。ゆっくり考えなさい」

「はい……考えさせていただきます」

次の二十三巻で連載開始から三十年に及ぶこの長編が完結するらしい。楽しみだけど残念だ。別の形で続けて欲しい。

×月×日

西荻窪の古書店「なずな屋」で『マンション・ブルース』（上村一夫、秋田書店）を購入。上村一夫は好きだけど、これは初めて見た。昭和五十四年刊行という本書の中では、「マンション」という言葉が現在とは違った独特のニュアンスを帯びている。

×月×日

堂園昌彦第一歌集『やがて秋茄子へと到る』（港の人）を手に取る。上品で美しい装幀は関宙明氏によるものらしい。いいなあ。目次を見ると、こんな章題が並んでいる。

・暴力的な世界における春の煮豆
・感情譚
・彼女の記憶の中での最良のポップソング
・すべての信号を花束と間違える
・音楽には絶賛しかない
・愛しい人たちよ、それぞれの町に集まり、本を交換しながら暮らしてくださいなんとも凝っていて、これだけでも面白い。一気に読んでしまいたい。でも、タイトルや装幀や書体など、本の佇《たたず》まいから、ゆっくりと時間をかけて読むことを望まれている気がする。

×月×日

吉祥寺の古書店「百年」で『情熱のペンギンごはん』（糸井重里・湯村輝彦、情報センター出版局）を発見。ところが、ちょっと目を離した隙に消えていた。しまった。またやってしまった。獲物はその場で摑《つか》んで離さないようにしないと、横から攫《さら》われてしまうのだ。ほんの数秒が命取りになる。と、何十回目かの後悔をする。買った本のことは忘れても、逃がした本は忘れないものだ。

結局、デビュー当時のゲルニカも載っている『YEN MAGAZINE』（アルファ）と絵本『わにのバンポ』（大石真文／長新太絵、ポプラ社）を買って帰った。

×月×日

『わにのバンポ』はもうもっていた。ショック。一冊誰かにあげよう。

×月×日

『やがて秋茄子へと到る』を鞄《かばん》に入れて、隣町の「ことりや」というカフェに行く。初めての店だが、名前の通り、文鳥や姫ウズラがたくさんいた。姫ウズラは手の中にすっぽり包んでもおとなしくて、小さくぶーぶー鳴いている。可愛《かわい》い。脳から液が出た。

君は君のうつくしい胸にしまわれた機械で駆動する観覧車　　堂園昌彦

人間の生身と「機械」がオーバーラップする不思議な魅力がある。「君」「君」「機械」「駆動」「観覧車」というカ行音の連鎖が、その感覚をさらに増幅させているようだ。

秋茄子を両手に乗せて光らせてどうして死ぬんだろう僕たちは　　堂園昌彦

「秋茄子」の物質感から「どうして死ぬんだろう僕たちは」という実存への問いに転じている。その背後に隠されているのは、もしかすると「秋茄子」＝「アクィナス」の駄洒落《だじゃれ》かもしれない。存在と本質についての哲学を完成させたトマス・アクィナスは禿頭《はげあたま》だったらしいから「光らせて」とも響き合う。というのは冗談だけど。

千切り飛びはルフィニ終末

×月×日

　この本は面白そうと思いつつ、読むタイミングを逸することがある。そのうちに、「あれ読んだ？」とか「ほむらさんが好きそう」とか「絶対好きだよ」とか周囲の人々に云《い》われて、なんだか逆に手が出なくなる。期待が高まりすぎて、変な緊張に支配されるのだ。

『太陽の塔』（森見登美彦、新潮文庫）がそうだった。何年も経《た》って、ほとぼりが覚めた頃（？）にやっと手を出したそれは、思った通りとても面白かった。でも、その感想を伝える相手がいない。今更云えないよ。

　そんな失敗を繰り返さないように、今回、遅ればせながら読んだ本の名は『盤上の夜』（宮内悠介、東京創元社）。

　やっと読めた。とても良かった。好みのど真ん中だ。印象に残った頁《ページ》の端を折りながら進んでいたら、折り目だらけになってしまった。

（「盤上の夜」）

彼女が碁を覚えたのは、海外で四肢《しし》を失ってからのことである。

表題作のあまりにも特異な設定からもわかるように、この作品集は、囲碁、チェッカー、麻雀、古代チェス、将棋などのゲームに場を限定した一種の思考実験の様相を呈している。

「星が痛い――それは由宇にとって、一つの現実の肉体感覚だったのです」ここで、相田は堰《せき》を切ったように専門用語を並べ立てた。「だから……星は由宇の中指であり、小目《こもく》は薬指であった。高目《たかもく》は人差し指であり、三々《さんさん》は小指であった。跳ね継ぎはマイスナー小体《しょうたい》であり、尖《こす》み付けはパチニ小体であり、桂馬掛《けいまが》けはメルケル触盤《しょくばん》であり、千切《ちき》り飛びはルフィニ終末であり……私の言わんとすることが、おわかりでしょうか。由宇は、盤面を肌で感じることができる人間だったのです。囲碁のある局面を、あるいはその過去未来の局面を、触覚としてとらえることができる。それが由宇の強さであり、それこそが、ほかの棋士たちには真似できない点だったのです」

頭がぐらぐらする。囲碁と医学の専門用語が混ざり合って凄《すご》いことになっている。どちらのジャンルも素人の私には、ほとんど理解できない。でも、わかる。わかるのだ。盤上に世界を限定することによって、人間の可能性に挑んでいる。細部に宿るという神の習性を利用しているというべきか。その結果、ゲームという場が現実世界の縮図である以上の何かに見えてくる。むしろ拡大図、いや、未来図か。

表題作の主人公「由宇」の言葉を引用してみる。

「わたしは、この世界を抽象で塗り替えたいんです」

この本があんまり良かったので、ネット上のレビューを探して読んでみた。他の読者と喜びを分かち合おうと思ったのだ。

ところが意外にも辛口の感想が多かった。特に目についたのは「人間が描けていない」的な評言だ。うーん、と思う。おそらくそれは「この世界を抽象で塗り替えたい」という願いに対する具象的世界からの反発なのだろう。

――この世には、人の心や感情といったものがあるらしい。

――ぼく以外の人間は、それを貨幣のように交わしあい、そうやって生きているのだ。

（「清められた卓」）

――心や感情と名づけられたもの。

でも、私は「貨幣」を持たぬ魂の在《あ》り方こそが見たいのだ。

×月×日

新しく創刊された雑誌「mille（ミル）」（PHP研究所）を読む。

これには宇野亜喜良さんとのコラボレーションで私も参加している。その作品は二篇あって、タイトルは「極東のアリス」と「リトル・アリス」。憧れの宇野さんと自分の名前が並んでいるところを見て、うっとりする。「亜喜良」って文字の並びを見るだけでたまらない。

他の頁にも、岡上淑子、魚喃キリコ、岸本佐知子、小林エリカ、東直子、松田青子、文月悠光など魅力的な名前が並んでいる。

空はいつも上にある。
なかったことがない。
それを思い出すと、こわい。
わたしがなかったことがない。

いのちがとまったことがない。

「わたしがなかったことがない／いのちがとまったことがない」の当然が、このように書かれることで奇蹟に反転して心に迫る。

（内藤礼「そういうふう」）

×月×日

陣崎草子の第一歌集『春戦争』（書肆侃侃房）を読む。著者はイラストレーターで絵本作家で小説家で歌人でもある。

「春」と「戦争」の組み合わせに危うい生命力が宿っている。そのタイトル通り、本全体に独特の放胆さが溢《あふ》れている。

どうせ死ぬ　こんなオシャレな雑貨やらインテリアやら永遠めいて

ぎくっとする。「オシャレな雑貨やらインテリアやら」は私も好きだが、それらに囲まれることで、自分の中の何かが少しずつ奪われているような感覚は確かにある。「永遠めいい」た空間に身をおいても、自分自身が永遠になれるわけではないのだ。逆に、生の時間はどこまでも疎《おろそ》かになる。「どうせ死ぬ」と腹を括《くく》ることで、初めて目の前の一瞬一瞬を本当に潜《くぐ》る勇気が湧いてくるのかもしれない。

電子レンジは腹に銀河を棲まわせて静かな夜に息をころせり

「電子レンジ」の独特の感じを云い当てている。そうか。あれは「腹に銀河を棲まわせて」たんだ。

ランボルギーニらんぼるぎーにランボルギーニ Lamborghini 男はバカだ

「ランボルギーニ」は「男」が好きなものの象徴か。その背後には「乱暴」という音も隠れている。

海亀の目は何故あんなおそろしい　人をやめてしまいたくなる

人間よりも人間というか、さらに賢そうな「目」をしてるからかなあ。賢者のようで、にも拘《かか》わらず、とても悲しそうな「目」。

×月×日

「穂村弘書店」という企画のために、池袋のジュンク堂書店に選書に行く。あれこれと選んでいるうちに、「あ、懐かしい」とか「これ、好きだった」と思うような本がごろごろ出てくる。

そのたびに思わず立ち読みしてしまって、作業が進まない。買って帰って家で読み返すことにする。

今日、買ったのは『闇狩り師 蒼獣鬼』（夢枕獏、徳間文庫）。初めて読んだ時の興奮が甦《よみがえ》る。戦い、情念、エロス、とにかく濃いのだ。

その瞬間、何かにつまずいたように、両脚にがつんというショックがあった。
自分の放った小刀が、空を裂いて地に落ちる音を耳にするのと同時であった。
刀を両手に握った典善の身長が、五〇センチ近くも低くなっていた。
典善は、膝《ひざ》で地面に立っていた。
餓虫の持っていた武器で、膝から下を切断されていたのである。

それでもまだ戦いは続くのだ。止められなくて、一気に読んでしまった。

失踪、或いはリアリティの最深部への旅

×月×日

京都の古本屋で『貝殻館綺譚』（巨朋社）という本を見つけた。タイトルに惹《ひ》かれて手に取ると、横溝正史の自選作品集だった。

貝殻館綺譚
猫と蠟人形
白蠟少年
孔雀屛風
蜘蛛と百合
薔薇と鬱金香

こんな目次を見たら、欲しくなってしまった。早速買って、近くの喫茶店で読み始めた。いずれも戦前の作品らしい。現代の感覚からはかけ離れたところがたくさんあって面白い。

そういう彼女に、いのちがけの恋をした男があった。ちょうど百合枝が通学する道筋にある古い質屋のひとり息子で、蜘蛛三《くもぞう》というのがその青年の名前だった。

（「蜘蛛と百合」）

「いや、冗談じゃない、ほんとうだ。君、薔薇郎って男を知っているかい？」

（「薔薇と鬱金香」）

「蜘蛛三」「薔薇郎」、凄《すご》いなあ。このネーミングの躊躇《ためら》いのなさに感動する。そういえば作者の代表作のひとつには『真珠郎』もあった。

これらの人名は、作品内部のリアリティのレベルを決定づけているようだ。「蜘蛛三」「薔薇郎」という名前は、作中世界の異次元性を示している。その内部では、現世の明るい論理によって謎を解き明かす名探偵は、世界の陶酔に水を掛ける仇役《かたきやく》でもあるわけだ。

×月×日

『おはなしして子ちゃん』（藤野可織、講談社）を読む。収録作のひとつである「ピエタとトランジ」には、女の子同士による二人だけの世界が描かれている。その純度の高さに興奮した。二人の少女のうちの一人「トランジ」は強力な疫病神で、彼女がその場にいるだけで周囲の人々がドミノ倒しのように次々に破壊されてゆく。

A組の木下なずなは、演劇部で主役に抜擢され、嫉妬した先輩の太田美佳子がわざとライトを倒したら、髪に火が燃え移って死んだ。木下なずなとつきあってたうちのクラスの橋本諒は、太田美佳子のまだ小さい妹を誘拐したけど、殺そうとして殺せないでいるところに私とトランジが駆けつけて説得、無事解放させた。

最も無力な少女という存在に、世界を破壊する超能力が与えられるのは理に適《かな》っているように思える。ポイントはその力が自分ではコントロールできないことだ。

私は最近、システマを習いに行っている。システマっていうのは、ロシアの実戦的な格闘術。（略）今じゃけっこう強くなったし、ふつうの女子高生よりは殺されにくいと思う。もっと強くなって、もっと殺されにくくならなくちゃ。私はできるだけ長くトランジといっしょにいたいから。

相棒の「ピエタ」の言葉である。最高だなあ。この後にくるラストシーンは、二人きりの世界を生きる者たちの愛の表現として完璧すぎて、心がとろけそうになった。

×月×日

『真珠郎』（横溝正史）
『わたしはあんじゅひめ子である』（伊藤比呂美）
『ゴムあたまポンたろう』（長新太）
今まではこの三冊が私の中の「三大名前タイトル」だったけど、新しくこれに『おはなしして子ちゃん』が加わった。

×月×日

真夜中に近所のローソンで、珈琲《コーヒー》と牛乳とタイカレーの缶詰と『失踪日記２　アル中病棟』（吾妻ひでお、イースト・プレス）を買ってしまった。

仕事の合間に読み始めたら、やめられなくなって最後まで。しかも、細部まで丁寧に読まされてしまうので、漫画の一気読みなのに四時間以上かかった。

もちろん傑作。作者の前作『失踪日記』の時も、それから花輪和一の『刑務所の中』の時も思ったけど、読む前から傑作ってわかってるって凄いよなあ。

吾妻ひでおや花輪和一の過去の作品を知っている読者は、彼らが「失踪」や「アル中病棟」や「刑務所」の実体験を描いたら、そりゃあ面白いに決まってる、と思うのだ。

『失踪日記2　アル中病棟』には、リスの尻尾《しっぽ》（だけ）を拾うとか、ウンコを拾うとか、インスタントコーヒーを一瓶一日で飲んじゃうとか、さまざまな色調のモスグリーンで全身をコーディネートとか、電気ポットが突然話しかけてきて一晩中説教されるとか、衝撃的なエピソードがごろごろ出てくる。

でも、いちばん印象に残ったのは、ごく普通の町角の、奇妙に丁寧に描き込まれた景色だ。その中に立った主人公の口からこんな言葉が飛び出す。


「素面って不思議だ……」

えっ、と思う。一般的な認識では「素面」の方が普通だろう。でも、アルコールに慣れた脳には「素面」の世界が「不思議」に感じられるのか。丁寧に描かれた日常風景の中で、こう云《い》われると、なんだかこちらの現実感までぐらぐらしてくる。世界のリアリティのレベルが、実はまったく便宜的なものだってことが直観されるのだ。

また別のシーンでは、風が「ひゅううう」と吹いている夜の雑踏を背景にして道に迷った主人公が呟《つぶや》く。

「たとえ地図があっても俺は目的地には辿り着けない…」

私も忘年会のお店の地図を手にしながら、迷って迷ってどうしても辿《たど》り着けなかったことがある。結局、友達に電話して迎えに来てもらったけど、もしもあのまま自らの辿り着けなさを加速させてしまったらどうなるのか。友達の集まる明るい忘年会から遠ざかって、どこまでも深く夜の中に溶け込んでいったら。あ、それが「失踪」ってことなのか。

断酒歴二十三年目の「バースデイ」に「おめでとう　ポンさん　23歳」とケーキで祝われるアル中仲間の姿を見て、主人公は「なんだろう、この違和感疎外感…」とぼんやり考える。

家族や友達や会社や忘年会やバースデイパーティや健康や長生きで構成される合意された現実を放棄して、自分にとってのリアリティの最深部に辿り着きたいっていう思いは、潜在的には多くの人の中にあるんじゃないか。

×月×日

本屋で『ℓ《アイ》』（いがらしみきお、小学館）の三巻を発見。あ、出てたんだ、と思って見たら「全3巻にて完結」と帯に記されていてびびる。だって、この中で追求されているテーマって、命とは何か、存在とは何か、そして神とは何か。そんなとんでもない話が、いったいどう完結するというのか。

緊張感とともに読み始める。面白い。次の頁《ページ》をめくるとそこに決定的なことが描かれている。そんな予感がびりびり伝わってくる。

命や神の問題は、本当は人間にとっての最大の関心事なのだ。でも、とても歯が立たない。だから大人になるにつれて、人は恋愛や仕事やスポーツや料理や旅や洋服に関心を移す。それらを鏡のように使って、命や神の姿をうっすらと映すのだ。でも、この作者は違う。命を、神を、ぎんぎん直視している。

現実世界への強い違和感がベースになっているという点は、初期の不条理四コマから『ぼのぼの』『Ｓｉｎｋ』そして『ℓ』に至るまで一貫している。自分が納得できる世界のリアリティを求める一途さが凄い。おかげで登場人物は「失踪」に次ぐ「失踪」だ。その日を借りて、私は一人ではとても息が続かない世界の底へぐんぐん潜ってゆく。

夢のリアリティ

×月×日

『スバらしきバス』（平田俊子、幻戯書房）を読む。バス好きの著者がさまざまな路線のバスに乗りまくるエッセイ集である。

なまぬるい風が吹く夏の夜だった。中野駅の近くで用事をすませたあと、家まで歩いて帰ろうとしていた。夜の九時を少し過ぎていた。駅の北口を歩きながらバスターミナルをふと見ると、「江古田《えごた》の森」いきのバスが停まっていた。（略）江古田に森なんかあったっけ？「フォンテーヌブローの森」とか「シャーウッドの森」みたいなものが江古田にあるんだろうか。

こんな疑問に取り憑《つ》かれた「わたし」は、このバスに吸い込まれるように乗ってしまう。夜九時過ぎに、女性がひとりで、「江古田の森」という言葉に惹《ひ》かれて。

　その行動は健全でも合理的でもない。でも、だからこそ面白い。そんな「わたし」の心理を異次元への憧れといったら大袈裟《おおげさ》だろうか。世界の裏側か隙間にふっと紛れてしまいたいというような感覚かもしれない。

　その気分を味わうには、電車よりも車よりもバスがいい、というのはわかる気がする。どこに連れて行かれるのかもわからないバスに乗って、うねうねと道を曲がりながら、未知の風景を眺めるときめき。その間の「わたし」は、世界の健全性や合理性の網の目から解き放たれているのだ。

「あとがき」には、小学校低学年の女の子たちのエピソードが記されている。


　二人は並んで腰掛けて仲よくおしゃべりしていたが、いくらも乗らないうちに降車ボタンを押して降りていった。窓から見ていると、二人は傍らの歩道をバスの進行方向に走り出した。笑いながら、バスと競走するように。この子たち、もしかして……。ある予感がして二人を目で追いかけた。環七は混んでいて、バスはのろのろ運転だ。女の子たちは歩道を走り続ける。次のバス停でバスがとまると、思った通り、その子たちは息を切らして乗り込んできた。

やはり健全でも合理的でもない。純粋な遊びの塊のような「この子たち」は、傍《はた》迷惑な天使のように輝いている。

いつか私も「わたし」と一緒に天使の遊びにチャレンジしてみたい。でも、私と「わたし」の五十代コンビの脚力では、到底バスに追いつけそうもない。そのまま、町の隙間に飲まれて、行方不明になってしまいそうだ。

×月×日

『やっぱ月帰るわ、私。』（インベカヲリ★、赤々舎）という写真集を見る。といっても、私には写真というものの見方がわからないので、実際には、そこに写っている被写体を眺めているだけだ。

白いブラウスの女性が池か沼のようなところに腰まで浸かって、微笑を浮かべながらスマホを操作している。そんな写真が表紙である。

他にもやばそうなオーラを纏《まと》った女性たちの写真がたくさん収められている。事故に遭いそうな、事件に巻き込まれそうな、何かしでかしそうな、彼女たちひとりひとりの佇《たたず》まいに目が釘付《くぎづ》けになる。

「高橋一紀に告ぐ

私は漫画家になりました。

電話にでろ‼」


こんな看板を高々と頭上に掲げてアスファルトの路面に立つノースリーブ&ハイヒールの女性がいた。タイトルは「人の道」。「告ぐ」と「でろ‼」の間に挟まれた「なりました」の丁寧語がたまらない感じだ。ちなみに看板は手書きではない。

うーん、と思う。いったいどんな事情があるんだろう。高橋一紀という人が、おまえが漫画家になったら電話に出てやるよ、とでも約束したのだろうか。何がなんだか、わからない。ただわかるのは、この女性の思いがとんでもなく濃いってことだ。

本書の女性たちに怖れと同時に憧れめいた気持ちを抱くのは、自分が生身の他人への思いを薄めることで生き延びてきたからだろうか。

×月×日

数十年ぶりに『光車《ひかりぐるま》よ、まわれ!』(天沢退二郎、ポプラ文庫ピュアフル)を再読してショックを受けた。こんな話だったのか。

「この仲間からぬけることを、あいつらのほうが許さないんだわ。どうでも《光車》を三つそろえさせようと、そういう意味で、あいつら、見せしめに弘子たちを殺したのよ。」

主人公の「仲間」がばらばらと殺されてゆくのだ。その容赦無さと児童文学特有の平仮名の多い文体とのギャップに戦《おのの》く。

だが、初めて読んだ子供の時、そこに驚いた記憶はない。児童文学ではそんなことは起こらないはずという勝手な思い込みを、私はいつのまにか身につけてしまったのか。

怖ろしいのは死の生々しさだけではない。

しかし、安心するのは早すぎた。（略）キツネのように口をとがらせてソフトクリームをなめている。武田だ！　宮本と斎藤もいる！

「何があったんだろう。」兄は白い顔をして考えこんだ。それから、ふいにみょうな目つきで、「おまえ、何か知ってるんだろう。」とルミにきいた。

「先生、もうたくさんです。」と龍子がおちついた声で言った。「先生なんか、ぜんぜん信用してませんから。ひょっとして、先生もそのこわあい緑衣隊のスパイだったんじゃないの？」

オモテの「国家《くに》」はわしと手をむすび
オモテの人間どもをわしに売りわたした、

この物語の中では、何人かの「同級生」、主人公の「兄」、学校の「先生」、そして「国家」が、全て怖ろしい「敵」なのだ。なんという世界像だろう。

作者には満州からの引き揚げ体験があるらしい。「敵」に囲まれる緊迫感や、「先生」や「国家」といった存在への不信感は、そのこととも関わっているのかもしれない、などと考える。

本書には名作という評価には収まらないような過剰さと危うさ、そして裏返しの確信が充《み》ちていることを思い知った。

×月×日

編集者のAさんからお薦め本として『足摺り水族館』（panpanya、1月と7月）という漫画が送られてきた。たまたま同じ本を自分でも買っていたのだが、かぶったことが逆に嬉《うれ》しかった。

というのも、この奇妙な漫画をどう読んでいいのかよくわからないまま、ぱらぱら眺めていたからだ。「やっぱり、これ、いい本なんだ」と思って心強かった。

私の第一印象は、夢の中の世界が描かれているみたい、というものだった。夢のビジュアル化は簡単なようで難しいと思う。夢を「見る」とは云《い》いつつ、実のところ、それは視覚のみに依存しているわけではない。夢の中では五感が生々しく連動している。その全貌をビジュアル的に再現するのは、高度な翻訳作業だと思うのだ。夢のリアリティが描ける漫画家として他に思い浮かぶのは、逆柱いみりとか、さらに遡《さかのぼ》ればつげ義春だ。目覚めて夢を見る体験は楽しい。遠近感の歪《ゆが》み、論理の狂い、どこか不安な懐かしさ、その全てをぺろぺろと嘗《な》めたくなる。

本書所収の「イノセントワールド」には、京都タワーが出てきて面白かった。そういえば、あれって現実のタワーなのになんだか夢っぽい。地下三階に大浴場があるところとか。

ミステリーと詩は双子なんじゃないか

×月×日

『吉祥寺キャットウォーク』（いしかわじゅん、エンターブレイン）という漫画の一巻を本屋でみつけた。

吉祥寺を舞台にしたいしかわじゅんの作品は、三十年前に刊行された『スキャンダル通信』『スキャンダル倶楽部』の頃から好きだった。まだ実家にあるはずだ。昔の作品には、もう無くなってしまった店や風景が出てきて切なくなる。

『吉祥寺キャットウォーク』の登場人物はヤクザ、ゲイのカップル、プロレスラーと教師の双子、落語家、そして早熟な女子高生など。程度の違いはあっても全員が社会から外れた存在で、その外れ具合の描き方が絶妙だ。

ウチは金持ちで

両親がシツケに
厳しかったからな
間食させて
もらえ
なかったんだ
お菓子は
テレビCMしか
知らない

これがヤクザの台詞《せりふ》だったりするところが面白い。

チョコレートを
食べながら
昨日のことを思い出そう
チョコレートを
食べながら
明日のことを考えよう

殺す者と殺される者が一緒にチョコレートのCMソングを歌う。その感傷性に胸が締めつけられる。三巻まで出ているらしいから、早速探しに行こう。

×月×日

友達に「好きそうだよ」と教えられて、『オーブランの少女』（深緑野分、東京創元社）を読む。表題作に描かれているのは、少女だけが集められた美しいサナトリウムで起こる惨劇。彼女たちの全員がそこでは花の名前を与えられている。

そうして時は過ぎ夏を迎える頃、荷物札のような手首のリボンの存在にある共通点があることに気づいた。ローズとミオゾティス、それこそ太陽と月のような双極の美貌を持つふたりだけが高貴な紫色で、他は黄色か赤のリボンが多かった。はじめは病気の重さで分けているのかと思ったが、最も深刻な病状を抱えている小児癌のイリスと、命の危険がないわたしが同じ青色なので、その可能性は消えた。共通項はイリスもわたしも、おそらくサナトリウム内で一、二を争う、あまり愛らしい顔立ちではないということ、ただひとつ。個性的だが愛嬌のある顔立ちのミュゲは赤。その意味するところは……頭の隅に黒い影が忍び寄る。もしこのリボンでの色分けが、少女の「質」によるとしたら。

残酷な想像の広がりに、どきどきしながらひとつひとつの言葉を追ってゆく。けれど、リボンの色にはまったく違った意味があった。

優れたミステリーには、現実的な論理で説明できるとは思えないような謎が鮮やかに解かれる快感がある。

だが、本作の場合、それで終わりにはならない。ひとつの謎が解かれることによって、世界とそこに存在する人間に関するさらに深い謎が生まれている。

我々が生きているのはこんなにもとんでもない場所だったのか、という驚き。本を閉じた後も、底知れない生の深みにくらくらするような感覚が残る。

自分が惹《ひ》かれるミステリーはどれも皆、同様の構造をもっていることに改めて気づかされた。ひとつ目の謎が解かれても、ふたつ目の謎は永遠。だからこそ、ミステリーでありながら、何度も読み返すことができるのだ。

×月×日

解かれる謎の背後にもうひとつの解けない謎をもったミステリーのことをさらに考える。このタイプの永遠の謎を秘めた作品が、私には「ミステリーの姿をした詩」のように思えるのだ。

その逆に、或《あ》る種の韻文の傑作が「詩の姿をしたミステリー」に思えることもある。吉岡実の「僧侶」とか高橋睦郎の「第九の欠落を含む十の詩篇」とか。「第九の欠落を含む十の詩篇」では、どうして第九の詩篇だけが欠落しているのか。そこに怖ろしい謎が隠されているように思える。ちなみに塚本邦雄による謎解きはこうだ。

この大作のサブタイトルには、舊約、創世紀のソドム滅亡に關る插話の中、町人達がロトの家を圍んで、二人の天使を出せと叫ぶ件《くだり》が引いてある。第九には、思ふに、舊約では未然に防がれたこの時の慘狀が詳述されてゐたのではあるまいか。

（「邂逅祕蹟　戰後詩十選」『詩歌宇宙論』所収）

そういえば詩人田村隆一はミステリーの翻訳家でもあった。逆に『ドグラ・マグラ』の夢野久作、『虚無への供物』の中井英夫、『匣の中の失楽』の竹本健治には、いずれも詩や短歌の実作体験がある。そもそもミステリーというジャンルの創始者エドガー・アラン・ポーは詩人なのだ。ミステリーと詩は双子なんじゃないか。

×月×日

『しやりり』（野口る理、ふらんす堂）を読んだ。句集である。まず著者名に目を奪われる。

「る」？　本を開くと「装幀・野口ま綾」の文字があった。「ま」？　「る理」と「ま綾」、姉妹か、もしかして双子だろうか。斬新な攻撃だなあ。

河豚洗ふために水また水また水

凄《すご》い「水」の量だ。ここまで丁寧に洗うのは、やっぱり「河豚《ふぐ》」の毒のせいだろうか。定型の五七五で区切ると「河豚洗ふ／ために水また／水また水」となる。結句の僅《わず》か一音の字余りが「水」の流しっぱなし感を強めている。

霧吹きの霧となるべし春の水

やはり「水」の句。「水」にもいろいろな運命がある。その中でも「霧吹きの霧となる」っていうのは、かなりレアなんじゃないか。自分が「水」だったら、「河豚」を洗うよりはそっちのほうがいい。

偽物のやうな本物とは金魚

なるほど。他の魚に比べても「金魚」には生物としてのリアリティがない。でも、あれが「本物」なのだ。

己身より小さき店に鯨売られ

意表を衝かれる。確かに「鯨《くじら》」を丸ごと売るわけじゃないもんなあ。「金魚」が「偽物」のような「本物」だとか、「鯨」が自分よりも小さい「店」に売られているとか。考えたこともなかったけど、云《い》われると納得。ごく短い言葉でそれまでの世界像が組み換えられる快感がある。

×月×日

別冊太陽『武井武雄の本　童画とグラフィックの王様』（平凡社）を読む。一九八五年に刊行された同じ雑誌の「武井武雄　おとぎの国の王様」を手に取ったことがきっかけで、私は武井武雄の本を集めるようになった。今回の本には初めて見る作品や資料が載っていて嬉《うれ》しい。「制作ノート」の緻密さに驚く。天才であると同時に秀才でもあったんだ。

子供向けのイラストレーションやぬいぐるみなどの多くは、実物よりも可愛《かわい》くデフォルメされる。可愛いデフォルメとは、つまり死の隠蔽ではないのか。生物は皆、次の瞬間にまったく無根拠な死に襲われる可能性がある。にも拘《かか》わらず、それがないことにされるようで落ち着かない。

でも、武井武雄の場合は、その逆なのだ。怖いデフォルメ。そこに惹かれる。水木しげるや楳図かずおが武井ファンだというのも頷《うなず》ける。

他人が見ている世界

×月×日

『死に金』（福澤徹三、文藝春秋）を読んだ。著者近影などに見られる怖そうな風貌とは裏腹に、その文体からは実直さとシャイネスを感じる。帯に「闇金で築いた巨額の遺産をめぐって5人の人生が交錯する」とあるように物語は連作形式になっていて、各章ごとに軸になる登場人物の視点が変化してゆくところが面白かった。

客観的に描かれている時は有能だったり強面だったりした人物が、章が変わって本人の視点になったとたん、不思議に心許なくなる。

例えば、「刈谷」は金儲《かねもう》けの才覚に溢《あふ》れた若手ヤクザの有望株。三十になったばかりで手首にはロジェ・デュブイのトゥールビヨンを巻き、ベンツのSクラスを乗り回している。他人の視点からはそんな風に描写されていた彼が、自らの章では、次のようになる。

刈谷は不意に椅子からおりると膝をそろえて床に額をすりつけた。額と膝に大理石の冷たい感触がある。なんとか、と刈谷はいった。

「なんとかお願いできないでしょうかッ」

「そんなことしたってだめよ」

白木は乾いた声でいった。

（略）

「ひとが下手にでりゃあ調子に乗りくさって。糞婆《くそばば》ァがッ」

刈谷はベンツに乗りこむなり罵声をあげた。

曽根は事情を察して運転席でうつむいている。シートを蹴飛ばすとベンツは走りだした。

土下座したときに胃を圧迫したせいか、胸焼けがする。事務所で食べた鰻重が胃液とともに食道をあがってきた。辰野の手前、無理やり喉に詰めこんだが、胃は潰瘍気味だしカロリーが気になるから鰻重など喰いたくなかった。

「土下座」もさることながら「鰻重《うなじゅう》」がいい。前の章では、組長「辰野」と一緒に食べていた「鰻重」は勝ち組の証《あかし》のように見えていたのだ。それが本当は「喰いたくなかった」ことに感銘を受ける。しかも理由が「カロリーが気になるから」とは、ヤクザなのに。

章が変わるたびに、それぞれの登場人物について、客観と主観の落差を何度も味わうことになる。それが楽しい。物語の進行とともに明らかになるのは、主観的には登場人物の全員が追い詰められ、ぎりぎりで生きているということだ。

これはリアルだと思う。私たちもそんな風に生きている。ただ、生身の我々は自分の視点の中に閉じ込められていて、小説のようにそれを切り替えることができない。だから、他人の世界像を知る機会がないのだ。華やかそうに見えた人が自殺したり、押しが強そうに見えた人が鬱病になったりすると、あれ？　と思う。でも、すぐに忘れてしまう。

占い師が「あなたは不器用で周囲に誤解されやすく損をしがち」と云《い》えば、ほとんどの客は納得するだろう。「自分は器用で周囲に理解されやすく得をしがち」と思っている人などまずいないからだ。飲み屋で盛り上がっている人々も、ひとりひとりの主観としてはぎりぎりで生きていると思う。

×月×日

『なんでそんなことするの？』（松田青子作／ひろせべに画、福音館書店）を読んだ。『スタッキング可能』や『英子の森』などの小説で注目された作者による童話作品で「小学校中級以上」と記されている。ＯＫだ。

帯には「ふつうって何？」とある。本作には「ふつうであれ」という同調圧力への怨念が炸裂《さくれつ》していた。


「トキオくん、そんなぬいぐるみを持ってくるなんておかしいよ」コウキくんが強い調子で言いました。ほかの二人も後につづきます。

「トキオくん、コウキくんの言うとおりだよ。変《へん》だよ、トキオくん。それは女の子のもんなんだよ」

「うん、ぼくたち男なんだから、ぬいぐるみ持ってるのおかしいよ。ぼく、この前お父さんにきいてみたんだ。そしたらお父さんも言ってたよ。それはおかしいって」

（略）

「あとさ、そのきたないぬいぐるみにバイキンがついていたらどうするの？　クラスみんながバイキンにカンセンしちゃうかもよ。セキニンとれるの、トキオくん。ぼく、トキオくんのこと思って言ってるんだよ。これはユウジョウだよ、ユウジョウ」


「ぬいぐるみ」を許さない者たちの迫り方が生々しい。終《しま》いには「ほら、ぼくがそのきたないの、ちゃんと焼却炉《しょうきゃくろ》にすててあげる」、いいことをしているつもりなのだ。読んでいるだけで苦しくなってくる。

そんな「ふつう」を強制する者たちに対して、作者は徹底的に罰を与える。その描写が延々と続くのだ。よほど嫌な目に遭ってきたのだろう。「トキオ」の代わりに超能力で彼らを罰するのは愛猫の「ミケ」である。「ミケ」の意見はこうだ。

ひどいことは言っていいことじゃないんだよ。やっていいことじゃないんだよ。がまんしたり、平気なふりしたりして、いじわるしたり言ったりすることはそんなに悪いことじゃない、みたいにみんなしてるけどさあ、本当にひどいことなんだよ、それは。

そうだなあ、と思う。「ふつう」との戦いは「悪」との戦いよりもずっと厳しい。「ふつう」との戦いにおいては、いつの間にか、こちらが「悪」にされてしまうからだ。

だが、「ミケ」の活躍と「トキオ」の決意によって、やがてひとりひとりが互いの世界像のズレを認め合う教室が実現する。「トキオ」をいじめていたクラスメートたちが心に秘めていた「ふつう」でなさが次々に花開く。

ヒロムくんは、学校までの道にある三つのポストに一号、二号、三号と名前をつけ、毎日町のようすを偵察《ていさつ》させていました。一号、二号、三号は、毎日「異常《いじょう》なし」とヒロムくんにほうこくしました。ヒロムくんはこの町を守っているのはぼくだと思っていました。

（略）

変《へん》なところがない子なんて教室に一人もいませんでした。みんな変《へん》な子だったのです。つまり、それがふつうだったのです。

教室はばらばらの世界像の混在を許容する新世界になった。「トキオ」と「ミク」は「ふつう」を裏返す革命に成功したのだ。

×月×日

しかし、と思う。現実の世界には「ミケ」はいない。ひとりで多数者の「ふつう」と戦うのは怖ろしい。この戦いを直視して描ききった作品として『悦楽の園』（木地雅映子、ポプラ文庫ピュアフル）を思い出した。

わたしねえ、子供の頃、学校でものすごーく浮いてる子でねえ。まわりの子たちとはぜんぜん話が合わなくて、『宇宙人』とか呼ばれて。

これだけで、どきどきしてしまう。そもそも「ふつう」からズレた世界像とは、何のために存在するのだろう。それは無数に分岐する未来の可能性に、我々が種として対応するための準備ではないか。「ふつう」でない世界像の持ち主は「宇宙人」というよりは「未来人」なのだ。

一方、「ふつう」への同調圧力とは、均一化された現在への過剰適応であり、状況がいい時は効率的に作用する。しかし、状況が変化したり、限界に達したりした時、危険なことになる。現在の流れに固執して生き延びようとする「ふつう」は、まだ見ぬ未来の価値観を怖れ、生理的に強く反発する。そして、自分たちの未来の命綱を自らの手で切ろうとするのだ。

世界を反転させる言葉

×月×日

近所のローソンで『おれは鉄兵』（ちばてつや、集英社 ホームリミックス）を買った。分厚くて安そうな紙の、いわゆるコンビニ漫画である。再々々々々々読くらいだろうか。それでも面白い。夢中で読んでしまう。何も考えずに楽しめるという点では、巨匠ちばてつやの作品の中でも最高レベルではないだろうか。

『おれは鉄兵』を読んでいると、坐禅《ざぜん》や瞑想《めいそう》をしている時よりも（したことないけど）自分の心が無になっているような気がする。純粋な面白さの中に〈私〉が溶けてしまった感覚である。将来、人生の最期を迎える日々に突入したら、是非読みたい本だ。

×月×日

ちょっと遠いセブンイレブンに行った。でも、『おれは鉄兵』の新しい巻はなかった。ローソンには行ったばかりだから、そっちまで足を運んだのに外れだった。

それにしても、自分はもう五十二歳なのに、行動のスケールは子供の頃と変わってないなあ、と思う。小中学生の時は、大人になったらスキューバダイビングとかハンティングとかカジノでルーレットとかワインセラー（よく知らない）みたいな娯楽をするものかと思っていた。まさか、コンビニ漫画が最大の楽しみになるとは。まあ、当時はコンビニというもの自体なかったけど。

しかも、夢中で読んでいるのが『おれは鉄兵』というところまで、子供の頃と同じではないか。唯一の違いは、当時はお小遣いが少なくて立ち読みや友達との回し読みだったけど、今は自由に買い放題ってところ。大金持ちになった気持ちだ。

×月×日

『かないくん』（谷川俊太郎作／松本大洋絵、東京糸井重里事務所　ほぼ日の絵本）という絵本を読んだ。帯に「死ぬとどうなるの。」と記されている。このテーマに真っ向から挑んで、鮮やかにクリアしているのには驚いた。

普通の散文ではできないことだと思う。本書のテキストには、鍛《きた》え抜かれた詩的言語の特性が生かされている。散文と詩ではテーマへのアプローチが根本的に違っている。詩的に有効なプロセスを経た結末では、散文的な意味の論理とは別の次元でストンと腑に落ちることがある。

本書の場合も、詩的な余白や改行や作中作の手法を生かして世界を積み上げていきながら、クライマックスはほんの数行である。あっ、と思った時には、もう心が納得させられている。一種のマジックだが、我々の現実を支配している散文的な世界には、その魔術が欠乏しているのだ。

谷川俊太郎は歳を取るにつれてますます凄《すご》くなっているようだ。デビュー作が最高傑作という漫画家はほとんどいないし、そういう小説家も少ないけど、詩人や歌人などの韻文作家では珍しくない。その反面、詩歌《しいか》における晩年の豊かな境地とは眉唾物であることも多い。そう考えると、やはり例外的な作家だと思う。

松本大洋の絵には、張り詰めた静けさがあって、それがラストシーンの詩的な説得力を支えている。ストーリーとキャラクターを両輪とする散文的な世界像からはみ出すような感覚は、彼の漫画作品の画面にも充《み》ちていたことを思い出す。

×月×日

『ひだりききの機械』（短歌研究社）を読んだ。吉岡太朗の第一歌集である。短歌でありながら、SFだったり、タイポグラフィだったり、方言だったり、予想外のところから次々に球が飛んでくる感じである。

　リモコンをいじくり倒してこの世には適温なんてないんやろうか

　面白い。確かにこんな気持ちになることがある。「適温」という日常の細部を言語化することによって、「リモコン」で「この世」をコントロールするというシステムの限界が浮かび上がっている。

　「今日未明、ハローワークに忍び込み仕事を奪って逃走しました」

　切実感とアイロニーとユーモア。確かに「ハローワーク」には「仕事」があるはずだ。現実内部の定型としてのニュースの口調を利用しながら、内容が僅《わず》かにズラされることで異世界が生まれている。

影と影かさねるための簡単な方法として抱き寄せていた

「影と影」をかさねることが目的で、「抱き寄せる」のはそのための「簡単な方法」と位置づけられている。

我々の日常感覚ではもちろんその逆で、愛や生殖に関わる「抱き寄せる」が圧倒的に重要視され、その結果として「影と影」がかさなるに過ぎない。つまり、この短歌の中では、一種の革命めいた世界の反転が起きていることになる。

そういえば、先日読んだ『かないくん』のクライマックスに現れるフレーズも、死のテーマを巡って世界の終わりと始まりが反転するものだった。

真《ま》っ白《しろ》なまぶしい世界《せかい》の中《なか》で、
突然私《とつぜんわたし》は「始《はじ》まった」と思《おも》った。
何《なに》が始《はじ》まったのかは分《わ》からない。
でも終《お》わったのではなく、
始《はじ》まったんだと思《おも》った。

普通は終わりと見なされるものが実は始まりであること。普通は影と見なされるものが実は本体であること。そんな言葉による反転が、世界に透明な革命を起こす。そこに詩の秘密があるのだろう。

×月×日

『フイチン再見《ツァイチエン》！』（村上もとか、小学館）の一巻と二巻を旅先で読んだ。

以前、漫画家の高野文子についてネットで調べたことがある。その時、高野の画風に影響を与えた存在として、漫画『フイチンさん』とその作者である上田としこの名前を知った。

その後、上田作品をできる限り入手して読んでみた。『フイチンさん』には、ハルピンを舞台とした幻の異国情緒の中に、今までに見たことのないような種類の、なんとも云《い》えない明るさがあった。

数年前には、ご本人の登壇するイベントにも足を運んだ。上田さんは九十歳近かったはずだけど、表現者としての現役感を漂わせた魅力的な方だった。

本格劇画というイメージの村上もとかと『フイチンさん』という組み合わせは、ちょっと意外だったけど、上田としこ本人はもちろん、表現とそれに関わる人々に対する敬意と愛情に充ちた描き方に惹《ひ》かれた。

例えば、軍部からの圧力で中原淳一が「少女の友」を降ろされるというエピソードでは、としこの師である松本かつぢが「しかし、描く少女に、たとえば日の丸の旗を持たせるなんて妥協を、中原さんはしなかった」と語り、「少女の友」の主筆内山基《もとい》の言葉が見開きで載せられている。

中原さんの絵が
しばらく少女の友に
のらなくなります。
どうぞ我慢なすって下さい。
今はあらゆることに
忍ばなければならないのです。
国家がその忍耐を要求して
いるのです。
（略）
今は僕達の一つの喜びを
国家に捧げましょう。
そして若き中原さんが
よりよく、更に高きものを
創造して帰って来られる日まで、

心からなるフレーを送って
待っていたいと思います。

その状況下で選ばれたぎりぎりの言葉と、直後に描かれた「女の子がささやかな夢さえも見ることが許されない世の中なんて…わたしが漫画家になれる日なんてやってくるのかなあ」というとしこの独白に胸を打たれる。三巻以降の展開が楽しみだ。

桜と恋と蟲

×月×日

『桜は本当に美しいのか』（水原紫苑、平凡社新書）を読んだ。改めてそう訊《き》かれると、なんとなくどきっとして考えてしまう。

桜、もちろんきれいだけど、でも、薔薇《ばら》や牡丹《ぼたん》が美しいというのとは何かが明らかに違っている。

第一、扱われ方がまったく違う。毎年その季節になると、開花予想とか桜前線とか、新聞やテレビのニュースで国中の話題になる。季節の花が咲くというだけのことに、そこまで関心が集まるのは何故《なぜ》なのか。冷静に考えると不思議だ。

また「あと何度、桜を見られるだろう」という決まり文句もある。どうして人牛の残り時間をわざわざ桜で計るのか。

それからお花見の熱狂振り。普段は花や植物にまったく興味のない人々も、毎年熱心に参加している。大掛かりな宴会用の装備を持ち込むグループも増えている。お花見という行事は、年々エスカレートしているように思える。

これらはいずれも日本だけの現象らしい。この国の人間にとって、桜は単なる花以上のものなのだ。でも、じゃあ、その正体は何なのか。

例えば、バレンタインデーで盛り上がっている人々に向かって「チョコレートは本当においしいのか」と訊いたらどうだろう。

「いや、おいしいけど、これは単においしさの問題じゃなくて、我々はチョコレートに恋愛的コミュニケーションを託しているのだ」という答が返ってくるんじゃないか。

ならば、桜に託されているものは何だろう。それはバレンタインデーのチョコレートの場合とは、歴史の長さも思いの深さも格段に違っている。

バレンタインのチョコレートの正体が愛と性欲だとしたら、桜の正体は何なのか。その答を知るのが怖ろしいような気持ちにさえなる。

本書の著者はこの問題についてスリリングな考察を進めている。記紀・万葉から現代の桜ソングまでを例に引きながら、桜の背後の闇を照らし出そうとしているのだ。

以下は「桜ソングの行方」という章からの引用である。


桜をうたうことは、戦後の歌謡曲にとって、短歌以上に長くタブーであったはずだ。言うまでもなく、軍歌と桜の忌まわしい記憶のためである。

「花は桜木、人は武士」という、散華をよしとする暴力的な価値観は、そのまま近代の軍隊に移され、桜は軍国の花となった。しかも、その桜は、成長が早く、クローンであるがゆえに、一斉に咲いて一斉に散る染井吉野だった。

×月×日

『青いコスモス』（青磁社）を読んだ。二〇一一年に五十歳で亡くなった田中雅子の遺歌集である。
「編者あとがき」の中で真中朋久が「歌集全体としては、やはり恋の歌が重要だろう。（略）ただ一人への想いを抱いたまま二十年というのは痛ましく、しかし読者の心を打つのだ」と述べている。
確かに、純度の高い片思いの歌が印象的だ。

人違いばかりしており君はただおそろしいほどひとりの人なのに

「君」への思いが強すぎて、似た人をつい見間違えてしまうのだろう。「おそろしいほどひとりの人」という表現から、「君」という存在のかけがえの無さが伝わってくる。

揃えたる靴底に溜まるさびしさを告げたき人は月ほど遠い

全身から零《こぼ》れた「さびしさ」が「靴底に溜まる」という感覚の凄《すご》さ。結句に置かれた「月ほど遠い」に胸を衝かれる。「靴」を揃《そろ》えるために屈《かが》んだ姿勢からは、いっそう「月」が「遠い」のだ。

告げたるは一度ならざる恋にして小暗き淵を揺れ惑うなり

二十年の間に何度も思いを告げたのだろう。それでも叶《かな》わぬ「恋」。けれど、どうしてもその人でなくてはならないのだ。「おそろしいほどひとりの人」という言葉の重みが改めて迫ってくる。

半分は死にながら聞いた君の声低き葉群が夜半にそよぐ

「半分は死にながら聞いた」とは凄まじい。「君」の発するひと言ひと言が、それ以前にその「声」が、〈私〉にとっては命を揺るがすような特別な意味をもっていたのだろう。

君を愛した深さがふっと消えるとき路上に美しきバスが近付く

それほどの「君」への「愛」が「ふっと消える」ことがあるという。その言葉に危うさを感じる。そんな〈私〉に近付いてくる「美しきバス」は、どこか別世界の乗物めいた存在感に包まれている。乗ったらどこへ運ばれるのだろう。

×月×日

『蟲《むし》の神』（エドワード・ゴーリー／柴田元幸訳、河出書房新社）を読んだ。「虫」ではなくて「蟲」と訳されているところに、おっと思った。なんだろう、一気に怖くなる感じ。

内容的には、女の子が一種の神隠し、いや、「蟲の神」隠しに遇《あ》うという異様な出来事が描かれている。唐突な発端、あまりにも理不尽な展開、そしてまったく救いのない結末。

だが、おかしなことにそこに惹《ひ》かれるものがある。理解できない現象や物凄く奇妙な生物の存在を知った時の気持ちは、一種の高揚感を伴っている。全てが理屈に合った世界で、安全と利益と幸福を求め続ける日々にはうんざりしてしまう。そんな時、世界には人知の及ばぬ領域があることを、一寸先は真の闇であることを、思い知らされるからだろうか。

原文の韻を踏まえた七五調の翻訳も、この闇を濃くしていると思う。「最初は特に韻を踏ませず訳してみたが、どうもパッとしないので、韻文、七五調で訳してみた。当然、意味はある程度犠牲になっているので、以下に、より「正確」な散文訳を挙げておく」と「訳者あとがき」には記されている。「正確」とかっこに入っているのが面白い。韻文訳の選択は、理屈に合った世界のロジックよりも、闇に引き込むような韻律を重視する感覚の反映ではないか。それによって、散文的な「正確」さの元に一元化された世界に、危険な未知性が甦《よみがえ》っている。

×月×日

西荻窪駅前にある今野書店の漫画専門フロアにパトロールに行った。気づかないうちにいろいろ出版されているので、たまに行かないと見落としてしまうのだ。

高浜寛の新刊（といっても奥付によると刊行されたのは去年の十二月らしい）を発見した。タイトルは『四谷区花園町』（竹書房）。面白そうだ。大正や昭和初期の話は大好物である。寡作だけど外れのない作者なのですぐに抱え込む。

他に『羊の木』（山上たつひこ原作／いがらしみきお作画、講談社）の五巻や『デスペナ』（押川雲太朗原作／江戸川エドガワ漫画、講談社）の一、二巻や『カフェでよくかかっているJ－POPのボサノヴァカバーを歌う女の一生』（渋谷直角、扶桑社）などを買った。『蟹に誘われて』（panpanya、白泉社）も欲しかったけど在庫がなかった。

一度に大量の漫画を買うと変な幸福感に包まれる。こんなにばらばらな作品たちが全部「漫画」なんだもんなあ、凄いなあ、と妙なことに感心する。

きっとあの人は眠っているんだよ

×月×日

『殺人出産』（村田沙耶香、講談社）という本を教えられた。凄《すご》いタイトルだ。しかも、帯には「10人産めば、1人殺してもいい。」と記されている。いったいどんな世界なんだ。頁《ページ》を開いたら面白くて一気に読了。なんというか、天然な筒井康隆（？）みたいな話だった。

ぶっとんだ設定の背後に、作者の切実感が貼《は》りついているようだ。自分にとって重要な問題を徹底的に突き詰めるために書かれた物語は、どこか思考実験のための器めいていて、それがSF的な印象に繋《つな》がっているのだろう。

×月×日

部屋でごろごろしながら、『麒麟《きりん》騎手』（沖積舎）をぱらぱらと読む。塚本邦雄が寺山修司に宛てた書簡をまとめたこの本は、だるくてやる気が出ない時の特効薬だ。

僕、近日中に働き出す。食ふために。日日の苦い麵麭を。僕はいつまでも病気に奉仕してゐるわけには行かない。たとへそれが死への近道であつても。地を踏んで、塩を食べること必ずしも幸ならず。当分は、作品も停滞するだらう。務めから帰つたら疲労困憊、横臥してゐる以外てがないし、一頁本をよむのもものういだらうから。でもきつと、それにも堪へて新しいものを創つて見せる。

「病気」とは結核のことだ。当時の塚本邦雄は自宅療養中。一方の寺山もまたネフローゼで入院闘病中だった。

その塚本に、こんなことを書かれると、ぴんぴんしている自分がだるいとかやる気が出ないなどと云《い》っていてはいけない、と思うのだ。実際、彼は、彼らは、自らの病を乗り越えて「新しいもの」を見事に創造してみせた。

私信を集めた本書には、率直な表現が多くてどきどきする。他の作家や作品について彼らが本当のところどう思っていたのかを窺《うかが》い知ることができるのだ。例えば、こんなくだりがある。

感ずるところあり、ボワロ&ナルスジャックの小説次次とあさり、みな面白く、特に『犠牲者たち』（創元推理文庫）に三嘆、恋愛小説としても今世紀（！）中のベストテンに入れられてよい傑作。このあひだジャプリゾの『高級車の女』に舌をまいたが、これには及ばぬ。

絶賛だ。ここまで云われると読みたくなる。『高級車の女』とは『新車の中の女』（創元推理文庫）のことだろう。私の大好きな作品だ。あれよりいいって本当かなあ。

×月×日

『犠牲者たち』を読んだ。確かに面白い。冒頭の「登場人物」の欄に記されているのが五人だけってところからスリリング。

ピエール・ブリュラン……………編集者。ジャリュの秘書
ルネ・ジャリュ……………ダム建設の専門家
マヌー
クレール……………ジャリュの妻
ブレーシュ……………現場監督

「マヌー」の記載が何もないところにときめく。まさに謎の女だ。ただ、全体としては塚本さんが絶賛するほどかなあ、とも思う。「恋愛小説としても今世紀（！）中のベストテンに入れられてよい傑作」とまで云うってことは、これが彼のツボなんだろう。

本作に描かれているのは、必死に愛を求めようとする者たちの全員が、神の悪戯《いたずら》の「犠牲者」になるような残酷な世界像だ。

でも、恋愛小説としてはともかく、詩的なミステリーなら私はやはり『新車の中の女』が好きだ。例えば、こんなシーン。


子供は彼女の顔を見つめながら、パンを二口食べていった。

「車のなかにいるあの男の人はだれ？」

彼女は思わず、うしろのシートをながめた。

「だれもいないわ」

「いるよ。荷物をいれるところに。知らないの？」

彼女は笑ったと同時にドキリとした。

「どんな人？」

「眠ってるんだよ」

「なにいってるの？」

子供はすぐに答えなかった。そしてシートの背にもたれ、まっすぐにフロント・ガラスの向こうをつまらなそうに見ながらパンを食べた。それから息をついていった。

「きっとあの人は眠っているんだよ」


うーん、いい。この雰囲気にくらくらさせられる。

自分がミステリーに求めるのは、世界が覆《くつがえ》るような感覚だと思う。トリックによって現実が覆る、ということももちろんあるが、詩的な文体のマジックによって、それとは違うレベルで眼前の世界が覆ることがあるんじゃないか。

引用したシーンでは、小さな「子供」の言葉によって、「車のトランクの中に男の死体がある」という現実が別次元のニュアンスを帯びている。

主人公の「彼女」自身がトランクの中に死体を発見しても、ストーリーやトリック的にはまったく問題はない。むしろその方が手っ取り早い。でも、文体が生み出す世界のトーンとしては大違いになってしまう。

「子供」はまだ死を知らない。つまり、「子供」は死すべき運命を共有する我々の世界からはみ出した存在なのだ。そんな「子供」の言葉によって、我々の現実が死のない世界の言葉に翻訳されている。「きっとあの人は眠っているんだよ」と。

しかし、我々もまた本当の意味では死を知らない。死すべき運命を知識として自覚しているだけで、実際の死を体験していない点では「子供」と同じ。だからこそ、心の深いところを揺さぶられるんじゃないか。トリックの謎は解けても、文体が生み出すもうひとつの謎は永遠だ。

ボワロ&ナルスジャックやセバスチアン・ジャプリゾの作品には、別世界の匂いが充《み》ちている。『新車の中の女』には、次のようなフレーズもある。

けれどもわたしは、海を見た人々を嫌っていた。見てない人も大嫌いだった。

これは全ての人間、つまり眼前の世界の否定だろう。作品の冒頭に置かれた「わたしはまだ海を見たことがない」の一行と相俟《あいま》って、暗く、しかし、きらきらした雰囲気を生み出している。

そんな「わたし」が初めての海を見るために借り物の「新車」を走らせる。そして、とんでもない事件に巻き込まれるのだ。

×月×日

セバスチアン・ジャプリゾについて検索していて、代表作とされる『シンデレラの罠』（創元推理文庫）の新訳が出ているのを知った。前回の訳からほぼ半世紀ぶりである。早速、読んでみた。新訳の明快さと丁寧な「訳者あとがき」のおかげで、作中で何が起こっていたのか、やっとわかった。

わたしの名前はミシェル・イゾラ。
歳は二十歳。
わたしが語るのは、殺人事件の物語です。
わたしはその事件の探偵です。
そして証人です。
また被害者です。
さらには犯人です。
わたしは四人全部なのです。いったいわたしは何者でしょう？

この衝撃的なキャッチコピーに惹《ひ》かれて、学生時代に手に取って以来、何度か読んでいた。でも、心理描写が複雑で、詩的な雰囲気には惹かれつつ、謎解きに関わる部分がちゃんと理解できていなかったのだ。

エアコンのリモコンは、この部屋の時計でもある。

×月×日

『もたない男』（中崎タツヤ、飛鳥新社）を読んだ。地元の本屋でたまたま手に取ったのだ。著者の『じみへん』という漫画は読んだことがあったけど、これはエッセーだ。最初に立ち読みした時、カラーページに載せられた仕事場の写真を見て、余りのモノの少なさにぎょっとした。空っぽじゃないか。

エアコンのリモコンは、この部屋の時計でもある。

写真に付された、こんなコメントに妙に惹《ひ》かれた。確かに、そう考えれば時計は要らないことになる。本書はタイトルの通り、モノを「もたない男」の話だ。でも、単になるべくモノを「もたない」とか、不要なモノを捨ててしまうとかいうレベルを遥《はる》かに超えている。

以前の椅子には背もたれが付いていましたが別に寄りかかる必要もありませんので、そのうちにノコギリで切りとってしまい（略）

また、ボールペンのインクが減ってくると、減った分だけ長いのが無駄な気がしてきます。ですから、ちょっと書きづらくなるんですけれど、インクが減るごとにボールペンの本体も短く削っていきます。

凄《すご》い。友達の部屋に行って、「背もたれ」を切り取られた椅子《いす》や、短く削られたボールペンを発見したら怖いと思う。

「もたない」のは物理的なモノだけではない。著者は心理的なハードルも越えてゆく。母からの手紙、卒業アルバム、自身の漫画原稿といったいわゆる思い出の品々を時に迷いながらもどんどん捨ててしまうのだ。

自分の写真、記録や日記などと自分の過去自体とは、私は関係ないと思っています。

印象的な言葉である。心からそう思えたら、いいだろうな。

でも、私は「自分の過去自体」に確信が持てない。それどころか自分の現在にも自信がないから、補強するために旅先などでやたらと写真を撮ってしまう。

花火大会の動画を熱心に撮っている友人を見ると、花火なんて「今ここ」の出来事なんだから、肉眼で見たらいいのに、と思うけど、人のことは云《い》えない。

実際には花火だけじゃなくて全てが「今ここ」の出来事なのだ。なのに、写真や記録に頼らずにいられない。「今ここ」を早く過去のモノとして保存したいとすら思う。この感覚の逆転はなんなんだろう。

そんな私は、本書に激しい興奮を覚えた。ここでは、本当の本当の本当に必要なものは何か、という実験が為《な》されている。その結果がどうなるのか知りたい。著者は私よりも高い純度で「今ここ」を生きているのだろうか。

その一方で、「もたない」ことが、なんだか死の予行練習のようにも思えてくる。そうだなあ、どうせあの世には何も持っていけないんだ、という感覚が浮上してくるのだ。

×月×日

『復活祭』（馳星周、文藝春秋）を読んだ。八〇年代の不動産バブルを背景とした『生誕祭』の続編で、こちらはゼロ年代のインターネットバブル期のバトルが描かれている。

ストーリーやキャラクターもさることながら、独特のテンションの高さを反映した細部の描写に引き込まれる。例えば、こんなくだり。

桜田はまたカツサンドを頰張る。パンに挟まれたカツはたっぷりの脂身をまとっている。ルームサービスでカツサンドを注文するときに、脂身の多い肉でとわざわざ指定するのだ。

びっくりして、何度も文字を目で追ってしまう。そんな「指定」ができるのか。自分では絶対したくないけど、そういう人がいるということに感心するのだ。

かつて大藪春彦の小説の主人公が珈琲《コーヒー》に大量のバターを入れて飲んでいたのを思い出す。でも、たぶん馳星周の方は、よりバブリーな感覚の表現なんだろう。

大藪の場合、戦後社会の悪霊めいた主人公を作り出した世界観の背後には、彼自身の大陸からの引き揚げ体験があったと思う。

馳星周作品のキャラクターは、そのような存在にはなり得ない。その代わりに戦後の日本が生み出した亡者の強迫観念めいた凄《すご》みがあり、作者と同世代の私はその大義の無さに惹かれる。

×月×日

『ドミトリーともきんす』（高野文子、中央公論新社）を読んだ。前作の『黄色い本』から十二年振りの新刊漫画で、今度は「科学者たちの言葉」をテーマにした作品らしい。

「ドミトリーともきんす」には、若い寮母のとも子さんと娘のきん子さん、それに四人の学生さんが住んでいる。そのひとりである湯川秀樹くんときん子さんが、こんな会話を交わしている。


「豆の素揚げですね。とも子さんのお手前ですか」

「ううん、お母さんがコンビニで買ってきた」

「みせやで買うてきた」


まだ小さいきん子さんに「お手前」という言葉は難しいんじゃないか。また湯川くんの学生時代に「コンビニ」はなかっただろう。しかも「豆の素揚げ」とは「お豆スナック　ビーノ」なのだ。そんなふたりのズレにも拘《かか》わらず、ちゃんと話が通じている。時空間の壁を超えた不思議な会話の背後に、見えないルールの存在を感じる。

このルールのために、高野文子の作品を読む時はいつも緊張する。「漫画を読む」という行為そのものの見直しを迫られるからだ。

それは普段は小説しか読まない人が詩を読む時の感覚に似ていると思う。同じ日本語で書かれているのに、文字の量、意味の密度、言葉と言葉の結びつき方、改行の意図などのルールが小説とは違っていて、磁石を持たずに別世界に迷い込んだ感じがするだろう。戸惑いと緊張を覚えずにはいられないのだ。

漫画の場合も、例えば四コマと劇画とでは読み方のルールが違うのだが、そのことはさほど意識されない。小説と詩の場合とは異なり、読者の多くが自然に読み分けのスキルを身につけているからだ。

だが、高野文子の作品は何かが違う。独自のルールで描かれているために、読書が極端に新鮮な体験になる。読者が自らの読みを試される戦いめいたニュアンスを帯びてくるのだ。

しかも、その戦いは何年も続く。長い時間をかけて何回も読み直すのが当然な漫画って、やっぱり凄いと思う。

×月×日

『オーロラのお針子』（藤本玲未、書肆侃侃房）という歌集を読んだ。瑞々《みずみず》しさと怖さの入り交じった世界があった。

あのひとの嫁とレジ列並びつつどうせならその肉になりたい

ぎょっとする。「嫁」のカゴの中に入れられた「肉」のことだろうか。「あのひと」が家族と共に食べる「肉」になりたいとは。愛の自爆テロめいた感受性の炸裂《さくれつ》だ。

マンホールにひとりひとつのぬいぐるみ置いてこの星だいすきだった

「マンホール」に「ぬいぐるみ」を置く奇妙な儀式。それによって「この星」に別れを告げているかのようだ。全員が別の星に旅立ってしまうのだろうか。「だいすきだった」の過去形が切ない。

コスモスの化身

×月×日

『成田亨作品集』(羽鳥書店)を読んだ。幼児期にリアルタイムでウルトラシリーズを見た世代には、たまらない本だ。なにしろ『ウルトラマン』の初稿デザインなんてものが載っているのだ。その異様な姿が改稿を繰り返すうちに、あのウルトラマンになってゆく。

怪獣たちの絵に付されたコメントも熟読した。

頭はガマ口、胴は人間調ですが、頭とのバランスがあるので、腹を出し、尻尾を突き出しました。全体の肌は巻貝のイメージをもっていました。(「カネゴン決定稿」)

戦国の武将、黒田長政の兜を見て感動しました。あの感動をこの怪獣に詰め込もうと思いました。

（「ゴモラ決定稿」）

ウルトラマンに関しては、こんなコメントもあった。

デザイン・ポリシーの中心には、ギリシャ哲学のカオス（混沌）とコスモス（秩序）の思想がありました。

ウルトラマンはコスモスの典型でなければなりません。そのためには単純でなければならなかったのです。

うーん、そうか、と思う。以前、ヘルシンキでトーベ・ヤンソンの展覧会を見た時、「ムーミンの人」だと思っていた彼女のイメージが自分の中で大きく変わった。それと同じように本書によって「ウルトラマンと怪獣の人」だと思っていた成田亨像が変化してゆく。将来、老人ホームに入ったら、一日中この本を眺めていたい。

×月×日

高円寺で夜ごはんを食べた後、ふらふら歩いている時、古本屋に行きたくなった。夜遅い時間にかぎって本が買いたくなるのはどうしてなんだろう。あそこが開いてるはずと思って、「古書十五時の犬」に行く。

店内の棚に『香りへの旅』（中井英夫、平凡社カラー新書）を見つけて、おっと思う。珍しい、そして懐かしい。このシリーズでは、同じ作者の『薔薇幻視』も買った記憶がある。

『香りへの旅』は、若い友人が探していた。『虚無への供物』で中井ワールドにはまったらしい。安かったら買っておいてあげようと思って、値段を見たらなんと百円。でも、その横に「水ぬれ」とあって納得する。たしかにべこべこする。でも百円なら、と思いながらぱらぱらぱらめくっていると、こんな文章が目に入った。

香りだけを主題にした近代の文学作品、それも現代を扱ったとなると、日本にはどんなものがあるのだろうか。さしあたってすぐ思い浮かぶほどのものがないのは、やはりそれがあまりにとりとめなく、主題になりにくいせいで、部分部分に煌《きら》めく一閃は、ついに次の一句に及ばないかも知れない。

香水の香ぞ鉄壁をなせりける　　草田男

物理次元では「香水の香」が「鉄壁」をなすはずがない。でも、単なる比喩《ひゆ》という以上の力を感じる。そこに浮かび上がってくるのは、別次元の現実だ。凄《すご》いなあ。草田男はもちろん、中井さんの選句眼が。さすがに編集者として、寺山修司や塚本邦雄や葛原妙子や春日井建を見出した人だ。

×月×日

『死んでしまう系のぼくらに』（最果タヒ、リトルモア）を読んだ。どの詩も面白い。ひりひりした息遣い、そしてスピード、摑《つか》んだと思ったら擦り抜けるような感触にも惹《ひ》かれる。

うすくらがりのなかでみる花束が想像以上にきれいでなくて、美人のともだちのかおが、暗闇ではほとんど美しくなくて、けっきょくきれいだったのは光だけだったんだと思った。

（「夢やうつつ」）

いいなあ。でも、と心配になる。この魅力がちゃんと伝わるだろうか。というのも、こうやって引用した時の手応えが、草田男の句とはまったく違っているのだ。「香水の香ぞ鉄壁をなせりける」という言葉の連なりは、ひとつの小宇宙を為していて、どこに置いても揺らがないように感じる。

一方、『死んでしまう系のぼくらに』の言葉には、もっと壊れやすい印象がある。本の中では生き生きと動いていた言葉の生命が、引用先の頁《ページ》では死んでしまうかもしれない。そんな不安を覚える。大丈夫か、ちゃんと伝わってくれよ、と念じながら、そっと書き写す。どこにどう置こうが作品そのものは同じはずなのに不思議だ。

草田男の俳句との違いは、どこにあるのだろう。作風や完成度の問題以前に、やはり俳句と自由詩というジャンルの差が大きいのかもしれない。

詩の場合は形が決まっていないうえに、なかなか全文を引用しきれず、一部を抜き出すことになる。一方の俳句は短くて、しかも定型の器に守られている。そのために、後者の方が持ち運びやすいんじゃないか。

この詩集から、さらに幾つか引用してみたい。

きみが信じていた本を、書いた人が自殺していなかったこと。
それが夜の星みたいに、きみの瞳を照らす。

（「未完小説の詩」）

恋に、最後の希望をかけるような、くだらない少女にならないで。
きみはおびえた。光の落下に。わたしは撫でた。きみの頰を。きみは凡庸。凡庸は死ね。とても大切なゆめを、きみだけに話すよ。明日、遠い町にひっこしをしよう。

（「時間旅行」）

（「凡庸の恋人」）

パンを食べ、水を飲み、やさいをとらなくちゃと外に出て買物に行く、とおりすがりに見た海の表面にただよう白い光の、生き物みたいな脈、わたしは手のひらに書いたあなたの名前を、海水に溶かしに、空腹のままでかけていく。

（「70億の心臓」）

死ねっていう声を、録音させてください

（「カセットテープの詩」）

×月×日

『死んでしまう系のぼくらに』についてまた考える。この書名を最初に見た時、やっぱり作者は若い人なんだろうなと思った。中高年には、ちょっと厳しいタイトルじゃないか。同時に、この「ぼく」は、どちらかと云《い》えば男性よりも女性の言葉として受け取りたいとも思った。

つまり、このタイトルの場合、作者は若い女性であることが望ましく、おじさんだったらちょっと嫌だなあ、ということだ。

同じ言葉でも、書き手の年齢や性別によってニュアンスが違って感じられる。でも、そういう読み方で本当にいいのだろうか。

この問題に関連して、『伊太利亜』（岡井隆、書肆山田）という本の中にあった短歌のことを思い出した。

一葉が
島田に結つた朝があり
ぼくでも
アルマーニでゆく
夜がある

最果タヒの「ぼく」は若いイメージだが、こちらの「ぼく」はどうだろう。この「ぼく」が例えば二十三歳とかだったら、何が「ぼくでもアルマーニでゆく夜がある」だ、と反感を覚えてしまいそうだ。

だが、実際にこの歌を詠《よ》んだ時の作者は八十歳に近かった。そう思うと「アルマーニ」の印象が変わってくる。また、おじいさんの使う「ぼく」にも独特の味わいがある。

作品は作者から独立している。作り手の年齢や性別によって書かれた言葉の価値が変わることはない、と思いたい。でも、揺らいでしまうのだ。

本のおかず

×月×日

『宝石の国』（市川春子、講談社）を、とうとう読んだ。既刊の三巻分を一気にまとめ読み。ほっとした。これで自分も『宝石の国』を読んだ人の仲間入りだ。数年前に一巻を見つけた時、すぐに飛びついて、その後も新刊が出るたびに買っていた。でも、なかなか読み出すことができずに三巻まできてしまった。その理由は、緊張したからである。

本作以前に刊行された『虫と歌』『25時のバカンス』という二冊の作品集を読んで、凄《すご》いと思った。同時に不安になる。私はこれ、何割くらい理解できてるのかなあ。特異な世界観にこめられた情報の密度に圧倒されてしまったのだ。

自分の感受性で受けとめられる以上のことが描かれている、という印象には覚えがある。それを最初に、しかも強烈に与えられた漫画家は高野文子だ。作品集『棒がいっぽん』の中の「奥村さんのお茄子《なす》」を初めて読んだ時の感動と絶望は忘れがたい。

「自分は今、とんでもない傑作を、ぜんぜん受けとめ切れないまま、その価値をざあざあ零《こぼ》しながら読んでいる」という実感があった。

だが、幸いにして本というものは、手元において何度でも読み返すことができる。再読を繰り返すうちに、零した価値を少しずつ拾い集めて、作品世界を味わえるようになっていった。

再読を前提とする本といえば、詩集や絵本が思い浮かぶのだが、それらはいずれも短いテキストを特徴とする。同様に、つげ義春や岡田史子や高野文子、そして市川春子のような詩人タイプの漫画家には、大長編はないもの、となんとなく思い込んでいた。

ところが、『宝石の国』は、なんと連載長編だというではないか。宝石たちの戦いを描く、という内容を聞いて、面白そう、でも、あの密度の長編を読み通せるだろうか、とびびってしまった。

もっと時間がたっぷりある時に、もっと気持ちに余裕がある時に、もっと感受性の調子がいい時（いつだ？）に読み始めたい、と思いながら、いつの間にか時間が経《た》ってしまった。

でも、思い切って最初の頁《ページ》を開いたら、案外すんなり入ってゆくことができた。作者らしい異形の世界観は相変わらずだけど、多彩なキャラクターとその性質や能力、それにバトルという要素が読みやすさを支えているようだ。考えてみれば、それらの要素を駆使することで、詩人的な資質もありそうな冨樫義博や荒木飛呂彦も大長編を描いてるもんなあ。
ただ、仮に『宝石の国』が文章だけで書かれていたとしたら、何が起こっているのか、よくわからないかもしれない。そんな絵の力を感じる。
もっとも荒木飛呂彦の『ジョジョの奇妙な冒険』なんかは、絵で見ても何が起こってるのかわからないことがあって、それが逆に、なんてとんでもない世界なんだ、って興奮を誘うんだけど。

×月×日

『行け広野へと』（服部真里子、本阿弥書店）を読んだ。名久井直子による装幀が美しい本だ。感覚の冴《さ》えと表現の大胆さの両立を感じた。

駅前に立っている父　大きめの水玉のような気持ちで傍《そば》へ

「大きめの水玉のような気持ち」が突拍子もないんだけど、なんだかわかる。相手が恋人や友人なら、そうはならないんだろう。「父」に対してだけ「大きめの水玉」になる娘の心。

ささくれに血をにじませてその人は静かの海の重力を言う

「静かの海」は月面の地名。「血」のにじんだ「ささくれ」と「静かの海」、近くの小さなものと遠くの大きなもの。でも、「その人」の心は月よりも遥《はる》かな場所にあるのかもしれない。

一筆箋切りはなすとき秋は来る唇《くち》から茱萸《ぐみ》の実をあふれさせ

「秋」という季節の擬人化だが、「唇から茱萸の実をあふれさせ」というイメージに驚かされる。「一筆箋《いっぴつせん》切りはなす」という行為の静けさとの対比によって、その官能性がいっそう強く心に迫る。

鶏肉がこわかった頃のわたくしに待ち合わせを告げてくれませんか

「鶏肉がこわかった頃」という言葉から過去の「わたくし」がありありと立ち上がる。「待ち合わせを告げてくれませんか」とは、「時をかける少女」めいた願いではないか。

×月×日

荻窪の古本屋であるささま書店で『一千一秒物語』（稲垣足穂、透土社）を発見した。羽良多平吉の凝りに凝った造本が魅力的で、前から欲しかったんだけど、古書店でもなかなか見かけない。焦《あせ》って値段を見たら一万五千円。えっ、と思って、すごすごと撤退した。現実は厳しい。

×月×日

『一千一秒物語』のことが忘れられない。この処女作について「私の其後の作品は――エッセイ類も合わして――みんな最初の『一千一秒物語』の註である」と足穂自身が述べていることは有名だ。でも、中身を読むだけなら文庫で充分なんだよなあ。

×月×日

或《あ》るところから、「『わたしの宝物』について話してください」という依頼を受ける。自分の宝物ってなんだろう、と考えたけど咄嗟《とっさ》に思いつかない。では、仕方がない。これから宝物をつくるしかない。というわけで、ささま書店に駆けつけて『一千一秒物語』を買ってしまった。取材を受けるためだからやむを得ないのだ。

自分の部屋で『一千一秒物語』をぱらぱらめくって楽しみながら、同時に雑誌「アイデア」346号の羽良多平吉特集を開いて見る。その中に『一千一秒物語』のことが載っているのだ。

「平野甲賀が晶文社の刊行物のほとんどのデザインを手がけ同社のアイデンティティをかたちづくったように、羽良多平吉は透土社において同様の協働を試みようとした。結果的に長くは続かなかったものの、実験精神あふれる造本が展開された」

このような説明を読むことで、自分が買った本の良さをより深く味わおうとする。いわば本のおかずだ。ふむふむと読んで、ぐふぐふ喜ぶ。

さらなる本のおかずを求めて、スマートホンで「一千一秒物語、透土社」を検索する。

「羽良多平吉唯一無二のデザインが全編に渡り展開されています」
「アート紙を本文用紙に、自らが購入した19世紀の花形活字をホログラム箔や約物に使用するなど、紙・印刷・書体すべてに目の行きとどいたデザインは羽良多平吉デザインの金字塔といえる一冊です」

「稲垣足穂が愛した星のまたたきのような本書は、第22回講談社出版文化賞・ブックデザイン賞を受賞しました」

（「nostos books blog」）

そうなのか。そうだろう。もっと云《い》ってくれ。この本の価値を教えてくれ。ぐふぐふ。何かの折りに、「何をしている時がいちばん幸せですか」という質問を受けることがあるけど、自分の場合は、こういう時かもしれないなあ。美しい本を買って、それをおかずと一緒にぱらぱらめくりながら、ぐふぐふしている時。

浄め塩を捨てる人

×月×日

『ナーダという名の少女』（角野栄子、KADOKAWA）を読んだ。なんとも不思議な物語だ。

「こんなこと言うのもなんだけど、あの子、本当はね、死んだのよ……。それも自分で死んだのよ。二年前にビルの十二階から飛び降りて。だから女の子を追いかけるなんてやめたらいいのに。ああいう身分には贅沢《ぜいたく》だわ」

ナーダは背伸びしてジットが消えたほうを見た。

「死んだ？　じゃどうして姿が見えるの」

「見えるのは、あんたのその藍《あい》色の目だけかもしれないよ」

「藍色の目」の主人公が気になっている男の子「ジット」のことを、「ナーダ」はこんな風に云《い》う。でも、「ジット」本人の云い分は逆なのだ。

「まったく、でまかせ、よく言うよな。死んでる？　死んでるのは自分のことだろうに。仲間にされるの、迷惑だよ」

ナーダはジットが死んでると言い、ジットはナーダが死んでると言う。なぜ、こんなすぐばれる嘘をふたりともつくんだろう。

そんな異様な設定が、しかし、何故《なぜ》か自然に読めてしまう。ひとつには作品の舞台となっているブラジルの太陽や闇のせいだろう。その魔術的な空気感は、物語の隅々にまで作用している。

例えば「チチーナ」という少女についての描写はこうだ。

「指輪をやられたね、くくく」

カララがのどの奥で笑い声を立てた。

「指輪って、ジットの？　だって指にはめてたのよ」

「それを抜くんだよ。あの子は。ちょびっと水を垂らして、滑りをよくしてね。チチーナのこの技は、そりゃたいしたもんよ」

「チチーナ」は現実的には女の子の掏摸《すり》。しかし、ここまでいくと、どこか妖精めいてくる。

なんて子だろう。乱雑で、鋭くって、陽気で、そうかと思うと、のんきで、すばしっこい、雑多なものが、雑多に詰まってる、子鬼。

「チチーナ」ほどではないが、外国に行くと不思議な人を見ることがある。デパートのアクセサリー売り場の女性店員の手に焼き鳥が握られていたり、バスの運転手が突然歌い出したり。

びっくりして、いいものを見たなあ、という気持ちになる。そういうことは現代の日本ではまずあり得ないからだ。日本の太陽の下では、妖精とか「子鬼」は生き難いのだろう。そこは死の影のないフラットな人間だけの世界だ。

×月×日

『続続・高橋睦郎詩集』（思潮社）が届く。どこから開いても面白い。象徴的な言葉の背後に生々しい息遣いが貼《は》りついている。

この本の裏表紙に短い紹介文を書かせてもらったのだが、その中で引用した詩の一節はこれだ。

親しい誰かが亡くなって　葬儀に出るとする
帰りに呉れる浄め塩を　私は持ち帰ったことがない
三角の小袋をそっと捨てながら　私は呟く
もしよければ　ぼくといっしょにおいで
その代り　ぼくの仕事を手つだってね
（「この家は」）

初めて読んだ時、「浄め塩《きよじお》、捨てちゃうんだ」と驚いた。そして、驚いた自分に驚いた。

何故なら「死者の力を借りなければ詩作は不可能」という高橋さんの詩論について、つねづね同感だと思っていたからだ。

でも、まさか、こういうレベルの話だとは考えもしなかった。「死者の力」を借りるという考えが「浄め塩」を捨てる行為に直結している高橋さんは、本当の詩人だなあ、と思った。

この家は私の家ではない　死者たちの館

私の家といえるのは　私が死者となった時
それも正しくは　私たちの家というべきだろう
死者たちのひとり　霊たちのひとつとなって
私はもう詩を書かない　書く必要がない

そういえば、歌人の馬場あき子さんの家では、節分に「鬼は内」と云って豆を撒《ま》く、という話をきいた。こちらは、死者ならぬ鬼の力を借りる、という思いだろうか。彼女は『鬼の研究』（ちくま文庫）という有名な本を書いた人だからなあ、と思いかけて、それから気づく。話は逆なのだ。もともと「鬼は内」の人だからこそ、『鬼の研究』が書けたんだろう。

戦前生まれの高橋さんや馬場さんと自分とは、何かが決定的に違っていると思う。「浄め塩を捨てる」とか「鬼は内」とか。良いとか悪いとかの問題ではなくて、そもそも、私にはそんなことは思いつかない。

戦後の日本に生まれて育った自分には、まあ普通にしていれば死なない、という感覚が染み付いている。それが「浄め塩を捨てる」や「鬼は内」のような絶対の決断から私を遠ざけているんじゃないか。

×月×日

再び『ナーダという名の少女』のことを考える。その世界もまた「死者の力」を借りることで成立している。

主人公は生死不明の友人である「ナーダ」や「ジット」の存在によって、まあ普通にしていれば死なない、という感覚を脅《おびや》かされている。

そして、まあ普通に指にはめていれば指輪は盗まれない、という思い込みは、「子鬼」の「チチーナ」によってあっさりと覆《くつがえ》されるのだ。

そこに作品世界のときめきの源があると思う。

×月×日

『銀色の馬の鬣《たてがみ》』（岡井隆、砂子屋書房）という歌集を読んだ。作者は「鬼は内」の馬場あき子さんと同じ昭和三年生まれだ。

消しゴムを挟む右手の拇指《ぼし》示指《しし》のほのかにあかし朝光《あさかげ》の中

作中の〈私〉が何をしているかと云えば、ただ「消しゴム」をつまんでいるだけだ。それなのに優れた短歌になっている。実は〈私〉がしていることは他にもあって、それは、この世に存在していること、である。「消し」「拇指」「示指」「あかし」、また「ほのか」「あか」「朝」「中」という二種類の音の連鎖が、今ここに生きて存《あ》る、という感覚を支えているようだ。

この部屋から本がことごとく消え去る日意外に早からうぜ　雪降る

「この部屋から本がことごとく消え去る」のは、〈私〉が死んでしまった時だろう。だが、今、この時はまだ〈私〉は生きて、この世に存在している。

その絶対的な事実を、「消しゴム」の歌は「朝光」という生の側から、「本」の歌は「消え去る」という死の側から、言葉によって照らし出しているのだ。

八十七歳の作者の言葉は読者から、まあ普通にしていれば死なない、という感覚を巧みに奪う。その結果、一見何でもない歌が、深い印象を残す。

夜の蟬しんしんと啼くかたはらを妻とわれゆくゴミを抱へて

〈私〉は奥さんと一緒に「ゴミ」を出しに行ってるだけ。なのに、何かが深く心に沁みてくる。敢えて言語化すれば、それは、今ここに生きて在ることのかけがえなさ、である。「夜の蟬《せみ》」の声が、普通にしててもじきに死ぬ、という命の定めを伝えている。

猫の眼の時間

×月×日

『少女外道』（皆川博子、文春文庫）という作品集を読んだ。


長い影を引いて、猫が入ってきた。

「あら、もうこんな時間」

千江が小さい声をあげたので、倫《みち》は腕時計に目をやった。

「いいえ、時計はいりません。この子の眼で、時間はわかりますから」（「標本箱」）


猫の瞳の大きさで時間がわかると聞いたことがある。それが時計の代わりになるのだろうか。いや、実は逆なのかもしれない。或《あ》る人にとっては、時計の方が猫の眼の代わりなのだ。

ここにはふたつの世界があると思う。ひとつは猫の眼で時を知る世界。もうひとつは時計で時が計られる世界だ。

本書の登場人物たちの魂は、猫の眼で時を知る世界に生きている。だが、その肉体は我々と同様に現実的な時計の世界にある。

そのために彼らは、少数派の「外道」として、アウェイの場で生きていかなくてはならない。腕に無理やり時計を巻きつけられて。

だからこそ、同じ魂を持つ者同士の巡り会いは、切実感を伴ったものになる。

「僕は溺死しかかっているんだから、近づかない方がいいよ」

東京に引き上げることにした。そう告げてから、梛木は言ったのだった。

言葉の意味がわからず、千江は黙っていた。

「溺れそうになっている者は、手近にある何にでもしがみつくだろう。僕にしがみつかれたら、君も溺れる」

「溺れてもいいです」千江は言った。

猫の眼の時間を生きる魂が、時計が時を刻む世界の中で「溺れそうになっている」のだろう。それがわかるから、同じ魂の持ち主である千江は「溺れてもいいです」と答えるのだ。

また別の作品では、主人公「私」は、絵を描く後ろ姿を数日間眺めていただけで、顔も知らず話したこともない相手に惹《ひ》かれている。彼らの初めての会話は次のように始まる。

「明日で終わります」

昨日までの会話を今日続けるというふうに、画家は言った。その声音も穏やかだった。

同国人をほとんど見かけない場所で行き会った、こういう時のありきたりの挨拶を、男はせず、私もしなかった。私が何も問わなかったように、画家もまた私に、何をしに来たのかとか、学生かといった当然の質問はしなかった。

私たちは、順当な手続きを踏まず、いきなり互いの魂の割れ目に嵌《はま》りこんでしまった。

（「有翼日輪」）

ここに記された「ありきたりの挨拶」「当然の質問」「順当な手続き」とは、いずれも時計の世界におけるルールを示している。

それらを無視して、ふたりは「いきなり互いの魂の割れ目に嵌りこんでしまった」。時計の世界から逸脱した魂同士だからこそ起きた甘美な事故だ。

こんな出逢い、そしてこんな会話は、現実にはなかなかありそうもない。でも、夢の中では、これに似た感覚を味わうことがある。それは眠りの魔力によって、時計の支配力が弱まり、現実のルールが弛《ゆる》むためではないだろうか。そこでは猫の眼が息づいている。

作中の彼らは、それからどうなったか。猫の眼の時間を分け合うふたりの会話をさらに見てみよう。

明日、描き終えたら、去ります。そう私に告げた画家の表情は、孤児に向ける聖職者のように感じられた。

「あなたはどうするのでしょうね」

私はうろたえた。

終わるということを意識にのぼらせていなかった。地に根をのばしかけた時、引き抜くといきなり言われたようなものだ。

「一つの選択肢。あなたが私を殺す」画家の口調があまりに淡々としていたので、私は何か聞き間違えたのかと思った。

はあ、ときめくなあ。そうくるか。出逢いと別れ、死と永遠が、ここではひとつになっている。

画家はさらに続けた。

「そうすれば、絵は未完のままです。あなたの〈時〉は停止し、動かない空間にあなたは存在することができる」

時計の世界にいながらにして、猫の眼の時間を生きる感覚を味わえる至福の読書体験だ。

×月×日

読み終えた『少女外道』をぱらぱらめくって余韻を楽しむ。

露店の果物は信じがたいほど安かった。母国で買えば一つだけの値段で、一山手に入る。私はパンと果物だけで過ごしていた。（略）売り子は私の顔を見覚え、人懐っこい笑顔を見せるようになった、若い娘であった。私は笑顔を返す。上の空で。

（「有翼日輪」）

この心地よさはなんだろう。物語の流れには直接関係しない細部にまで、猫の眼の時間感覚が充《み》ちているようだ。

×月×日

荻窪のあゆみブックスの店内をふらふら歩いていたら、こんな文字が目にとび込んできた。

「昭和20〜30年代の東京の闇を歩く！」

「赤線・闇市・戦争遺産・事件現場――」

思わず手に取ってしまった。『東京異景散歩』（辰巳出版）というムックである。ぱらぱらと中を見ると、「風俗」の項で採り上げられてるのは、洲崎、福生、玉ノ井・鳩の街、亀戸・東京パレスなど。なんとなく気になっていた町ばかりだ。

こういうのに興味があったんだなあ、と改めて気づく。本屋の棚を眺めていると、自分でもはっきり意識していなかった欲望が本というモノを通して自覚できることがあって面白い。

×月×日

『産霊山《むすびのやま》秘録』（集英社文庫）を読んだ。初めての半村良だ。ずっと読みたい、読まなきゃ、と思って、何度か本も買ったのに、未読のままきてしまっていた。

読み出したら頁《ページ》をめくる手が止まらなくなった。生命とは何か、という大きな問いが、エンタテインメントのスタイルで検証されている。

「われらにとって命は毒であるようじゃ。

——生あるものは何ひとつ摂らぬ。摂れば死ぬ。

「では何を食って生きる。しかもこれほどの数をまかなうには……」

——砂じゃ。

「砂……」

——ヒの宗家の男よ、ようく見て覚えるがよい。

そう言うと女たちはこれみよがしに、手に砂をすくって口へそそぎこんだ。

台詞《せりふ》のひとつひとつに思いがこもっている。奇想天外な世界像の背後に、びりびりくるような真面目さを感じて胸を打たれる作家（楳図かずおとか筒井康隆とか平山夢明とか）がいるけど、半村良もそのタイプだろうか。もっと読んでみよう。

×月×日

仕事から逃避するためにインターネットの「日本の古本屋」で本を検索した。ここは専門古書店の集まりだから、値段的な意味での掘出物は望めない。でも、登録されている本の数が多いから、思いがけないものに出逢える。

今回は『誕生譜』がヒットした。武井武雄の刊本作品の中でも滅多に見かけない本だ。友人のブックデザイナー名久井直子さんが探していると云っていたから、誕生日のプレゼントにしようと思って注文した。

「私達は自由よ」

×月×日

『はるかな旅』（河出書房新社）を手に取ることができた。「幻のフォト・コラージュ作家」岡上淑子の待望の作品集である。

十年ほど前に、この作家の『DROP OF DREAMS』（NAZRAELI PRESS）にたまたま本屋で出逢って、収録作品の新鮮さ、そして美しさに衝撃を受けた。

今から六十年以上前に、外国の雑誌から極東の「若いお嬢さん」（瀧口修造が個展に寄せた紹介文中の言葉）の鋏《はさみ》によって切り抜かれ、ばらばらにされ、糊《のり》で貼《は》られることによって、新しい命を得た幻の女たちの姿がそこにあった。

早速購入して、さらにその作品世界について知ろうとしたところ、他には本が出ていないことを知った。どうしてだろう、と不思議だった。

その後、二百五十部限定の『The Miracle of Silence』（NAZRAELI PRESS）を入手したけ

ど、そこからどうしていいのかわからなくなっていた。こうなったら本屋で『DROP OF DREAMS』を見かけたら全部買うぞ、と意味不明の決意を固めていたのだ。二冊しか見つけられなかったけど。

なので、今回の出版はとても嬉《うれ》しい。作品はもちろんのこと、「私とコラージュ」という当時の文章が収められていて、これが素晴らしいのだ。作家の声のみならず、その手によって生み出された幻の女たちの囁《ささや》きを聞くことができる。「私達は自由よ」と。

×月×日

『夜の触手』（光文社カッパ・ノベルス）という本を見つけた。昭和三十五年に初版が刊行された推理小説である。昭和三十年代の推理小説は、極端なことを云《い》えば内容に関わらずなんでも面白く感じてしまう。それは当時の風俗そのものに関心があるからだ。その私にとってはミステリであると同時にパラレルワールドを描いたSFなのだ。そのノスタルジックな別世界感にやられてしまう。

ただ、そうなると、逆にどれを読むかの選択が難しい。どれでもいいと云いつつ、もちろん内容もいいに越したことはない。

で、『夜の触手』である。これに出逢ったのは西荻窪の盛林堂書房という古書店だ。いかにもB級っぽいタイトルだなあ、と思ってよく見たら、作者が大岡昇平ではないか。

カバーの裏に、著者の初めての長編推理小説とある。興味を惹《ひ》かれて買ってみた。定価百六十円のところが六百円だった。

頁《ページ》を開いて読み出すと、案の定「オート三輪車」「駐留軍」「国電」「セコハン」「ネグリジェ」「御用聞き」「投げキッス」等々、懐かしい単語が出てきて嬉しくなる。中にはわからない言葉もあった。

「ベルも押さないように、表へはり紙しておいてあげるわ。おなかがへったら、冷蔵庫に、ハムとアスペルジュがあるから、かってに食べて——パンも出しとくわね。」

「アスペルジュ」って何だろう。調べたら「アスパラガス」のフランス語読みらしかった。おおっと思う。ずいぶんハイカラなんだなあ。

「アスパラガス」でなく「アスペルジュ」、「投げキス」でなく「投げキッス」、「ハンカチ」でなく「ハンケチ」、さらに細かいことを云えば「ラブレター」でなく「ラブ・レター」、この微妙な言葉のズレがたまらない。今とちょっとだけ違うところがポイントで、それによってパラレルワールド気分が盛り上がるのだ。

×月×日

引き続き『夜の触手』を読む。時代のズレによるパラレルワールド感は、もちろん内容面にも及んでいる。幾つか挙げてみよう。

ひろ子が一昨年の春以来の止宿人であること、敷金が二十万円、家賃が一万円であること。

「敷金」が「家賃」の二十倍って高くないか。当時はそうだったのかなあ。今だったらとても借りられない。ちなみに「ひろ子」の部屋は渋谷である。

アパート居住者にとって、鍵は自室の占拠の象徴である。いつでも好きな時に、自分だけの世界に閉じこもれる自由の、保証みたいなものである。

男の場合なら、紛失するおそれのないように、あまりほかのものを出し入れしないポケット、たとえば、上衣の左のポケットに収めるのが普通だが、女ならハンドバッグの中である。そしてそれは、コンパクトの次に重要な品物のはずだった。

へえ、「鍵」より「コンパクト」の方が「重要」なんだ。なんか意外。それとも作者の女性観の表れだろうか。「ハンドバッグ」というのも懐かしい。

×月×日

『夜の触手』に挟まっていた本の広告を丁寧に読んだ。新刊の広告はすぐに捨てるのに、半世紀前のものなら嘗《な》めるように読んでしまう。

そこには松本清張の『点と線』、高木彬光の『成吉思汗の秘密』、高城高の『微かなる弔鐘』などが載っていた。

それぞれの作品名の下に記された内容紹介も面白い。例えば、こんな感じだ。

他人の夜は覗けない……悪は眠った夜だけに不倫に咲く。

巷の隅に真紅に染まった肉体がころがり、ヒステリックなサイレンの音!

夜を探がせ!

スピードと緊張の交錯するスリル。

何がなんだかぜんぜんわからない。でも、とにかくハイテンションで面白そうだ。ちなみにこれは石原慎太郎の『夜を探がせ』という作品の紹介文である。読んでみたいなあ。

「探せ」でなく「探がせ」ってとこにときめく。「ラブ・レター」のような外来語だけでなく、こういう送り仮名のズレにもパラレルワールド感は宿っている。

それにしても、現に自分が生きている世界よりも、どこかがズレたパラレルワールドの空気に浸りたいという、この欲望はなんなんだろう。

×月×日

『サイレンと犀』（書肆侃侃房）を読んだ。岡野大嗣のデビュー歌集である。こちらは新刊だが、『夜の触手』の世界の空気感にじーんとした後で読むと、あまりに身も蓋《ふた》もない「今」の感覚にショックを受ける。

20代女性の胴の2カ月で10kg減の輪切りの画像

なんという殺伐とした短歌だろう。確かに、雑誌の広告などで、私もそういう「画像」を見たような気がする。でも、こんな風に詠《うた》えるとは思わなかった。

本書の作品によって、「今」の臭味と凄味《すごみ》を突きつけられる。そのことに変な快感がある。

一軒で何でも揃うコンビニをはしごして揃えるマイランチ

あるなあ、これ、やったこと。貧しい贅沢《ぜいたく》、とでもいうべきか。「マイランチ」の唐突な英語がなんともアイロニカルだ。

白というよりもホワイト的な身のイカの握りが廻っています

「ホワイト的」って……、あの微妙に透き通りつつ発光してる感じがまさにそうだ。

生き延びるために聴いてる音楽が自分で死んだひとのばかりだ

はっとさせられる。でも、じゃあ、「生き延びるために」は何を聴いたらいいんだろう。

この世の味

×月×日

『微熱少年』（新潮社）を久しぶりに読み返した。作詞家松本隆による書き下ろし長編小説である。書き出しはこうだ。

十六ばんめの夏だった。光は青空に太陽の粒子をちりばめ、影はパレットの上に出した黒い絵の具のように濃かった。

この新鮮さはなんだろう。「影」という自然物が「黒い絵の具」という人工物に譬《たと》えられているところがポイントか。それによって過剰なほどの瑞々《みずみず》しさが生まれているようだ。

風の中のどんな粒子にも、夏が麻薬の粉のようにふくまれていて、肺の奥に染み込んでくる、そんな感じだった。

同様に「夏」という自然物が「麻薬の粉」という人工物に譬えられている。それによって「夏」の季節感が増幅されているのだ。

月の光が白い砂に反射して、青白い蛍光塗料のような光が彼女の指を照らしていた。

やはり「月の光」という自然物が「蛍光塗料」という人工物に譬えられている。もともと「蛍光塗料」の「蛍光」とは、自然物から取られた名前だろう。ところが、ここでは自然を真似《まね》たはずの「蛍光塗料」によって、もう一度自然が譬えられているのだ。自然と人工の反転、松本隆の世界には、そんな倒錯的な感覚が溢《あふ》れている。その冒瀆《ぼうとく》性に違和感を覚える人もいるだろう。でも、私は好きだ。自分たちの世代の先輩という感じがする。

×月×日

同じ作詞家でも、阿久悠には共感よりも畏怖を感じる。その作品を見ると、惹《ひ》かれると同時に、どこか深いところで叱られているような気持ちになる。

『なぜか売れなかったぼくの愛しい歌』（河出文庫）という本に、こんな記述があった。

蒸気機関車を、日本を豊かにするために汗みどろで働いた男たちだと考えるとよくわかるだろう。その人たちが、はいご苦労さままで捨てられていいわけがない。汗をかかない、走らない、力を出さない、汚れない、これだけを求める人間がすべての社会が、活力を発するわけがないのである。不細工に、不細工に、働くとは、生きるとは、そういうことなのである。

あまりにも真っ当な人間観に怯《ひる》む。この眼差しの前に、堂々と胸を張って立てる気がしない。

×月×日

そういえば塚本邦雄が阿久悠を褒めてたな、と思って、本棚から『断言微笑』（読売新聞社）を引っぱり出してきた。

風よなぶるな
獅子のたて髪を
涙をかざれない時であれば

（略）一人称のモノローグ、などではない。堂堂たるマニフェストであり、パセティックな青春讃歌である。これがたとへば青年団の団歌になるやうな国と時代をひそかに冀《こひねが》ひたくなる。

えっ、「青年団の団歌」……、と思ってしまうけど、でも、本気が伝わってくる。

百人の未知の才能のために「日本物語」を書き、この国に向つて「死んでもいいですか」と問ひ詰めてほしい。それの可能な、稀少な一人である。あらねばならぬ。彼我共に、忌まはしい親友、日本との腐れ縁を、夢にも断つことのできぬ一人一人なのだ。

こう述べた塚本自身は『日本人靈歌』を書いたのだ。敗戦体験の重みといったことを考える。塚本は阿久悠のことを「帝王」と書いている。塚本自身にもそういう雰囲気があった。でも、どんなに大きな影響力があっても、松本隆には「帝王」は似合わないよなあ。

×月×日

『写狂老人日記　嘘』（荒木経惟、ワイズ出版）という写真集を見た。巻末に本人の言葉が載っている。

時の記録、変わっていく時々刻々の記録だよ。
一日という単位じゃ長すぎる。
だから、2014年の4月1日という一日だけを写したのさ。（略）
とにかく一日のなかにある雑多なものを撮る、それしかない。

確かに、全ての写真にその日の日付が入っている。でも、とても四月とは思えない服装の人々が写っていたりして、どうも怪しい。たぶん、全てがエイプリルフールの「嘘」なんだろう。

頁《ページ》をめくりながら、言葉通りの「雑多なもの」たちを見ているうちに、奇妙な感覚に襲われる。

肉眼では確かに知っているはずのモノが、写真の中では既知の姿からズレて、未知の何モノかに変容してゆくのだ。

例えば、新幹線。鼻面の滑らかな車輛《しゃりょう》同士の接続部分が、妙に生々しい。ここが目で、ここが口で。いったんそう思うと、生物のキスシーンに見えてくる。

さちに不思議なケースもある。レース状の何かわからないモノがアップになっている。なんだろうと思いながら、眺めているうちに正体が見えてくる。

どうやら、タクシーの助手席のヘッドレストを後部座席から撮ったモノらしい。レースのカバーがかかっているのだ。

だが、実際にタクシーに乗った時、そこを丁寧に見つめることはない。この世で最も退屈なモノのひとつではないか。すぐに窓の外の景色を見てしまうだろう。

ところが、写真になるとじっと見てしまう。タクシーの助手席の頭部を覆ったレース模様。そこに、なんというか、「この世の味」が感じられる。

レース模様のヘッドレストというモノへの私の無関心が、その向こうにある生の営みの感触を逆に浮上させているというか。眼差しが被写体を通過して、その奥にある「この世の味」を味わえるのだ。

では、雑誌などの写真で、エロティックな裸とか美味《おい》しそうな食べ物とか、そこに写っているモノ自体に関心がある場合はどうか。それを熱心に見ようとすることによって、私は逆に何かを見失う。視線がそこで止まってしまうのだ。被写体への関心とは、写真とは無関係な現実の心の動きに過ぎないと思う。

この写真集にも、裸が出てくるけど、眼差しがその表面で止まることはない。生の営みがたまたまその形をとったモノ、という感触があるからだ。裸もまた、空や看板や窓の水滴や新幹線やタクシーの助手席の頭部を覆ったレース模様などと共に「この世の味」の中で繋《つな》がっているようだ。

×月×日

『くだもののにおいのする日』（松井啓子、ゆめある舎）という詩集を読んだ。三十四年ぶりの復刊とのこと。いいと云《い》う噂《うわさ》を聞いていたので、手に取ることができて嬉《うれ》しかった。「箱」という作品の一部分を抜き出してみる。

遠い部屋。五月二十一日という表札のかかった部屋がある。五月の中空に、その部屋はつるされてある。そこに、ついに生まれてこない私の一人娘が、たった一人でくらしている。

意味としては「ついに生まれてこない私の一人娘が、たった一人でくらしている」に引っ張られる。でも、それを前提にして読むと「五月二十一日」ってところがなんだかとても怖い。この日付はなんなんだろう。「娘」の生まれるはずだった日？　怖いけど、でも、不思議に美しい。

昭和の磁力

×月×日

『14歳』（楳図かずお）の新しい版（小学館 UMEZZ PERFECTION!、全四巻）を入手して読んだ。超完全版と銘打たれているのに気づいたからだ。カラーで描き下ろしのラストシーンが追加されているという意味らしい。それなら読まないと、と思って手に取ったら、止められなくなって、大長編を一日で読み切ってしまった。

久しぶりに楳図ワールドに浸ったせいで脳と心が痺《しび》れた。そして、改めて思ったのは、この作者には駄作がない、ということだ。傑作と超傑作だけって、どういうことなんだ。

最終巻を手に取った時、背表紙に書かれた言葉に目が吸い寄せられた。

「人間は美しく賢い生き物。ぼく達ゴキブリを救ってくれる」

動揺した。このゴキブリの言葉に対して「もちろんだよ、任せて」と答えられる人間はどれくらいいるのだろう。

例えば、「手のひらを太陽に」（やなせたかし作詞／いずみたく作曲）という有名な歌の中に、次のようなフレーズがある。

ミミズだって　オケラだって　アメンボだって
みんな　みんな生きているんだ
友だちなんだ

ここでは「ミミズ」「オケラ」「アメンボ」が「友だち」と呼ばれている。ちなみに、二番では「トンボ」「カエル」「ミツバチ」が、三番では「スズメ」「イナゴ」「カゲロウ」が、それぞれ「友だち」とされている。

だが、ゴキブリはどこにもいない。理由はよくわかる。ゴキブリを入れると、その後の「みんな　みんな生きているんだ　友だちなんだ」という部分が、歌い難《にく》くなってしまうのだ。

ちなみに、ウィキペディアによると「歌詞の中でアメンボが出てくるが、これは当初はナメクジであった」ということらしい。なるほどなあ。ゴキブリほどではないけど「ナメクジ」も「友だち」はちょっと厳しそうだ。

その他にも、ゲジゲジとかハエとかカなども避けられていることがわかる。それらを「友だち」と呼んでしまったら、殺せなくなるからだろう。

そして、『14歳』とはまさに人類と他の生物たちとの関係をテーマにした作品なのだ。そのラストで真っ直ぐにゴキブリを描いてしまう棋図かずおは、やっぱり凄《すご》い。

×月×日

『純喫茶コレクション』（難波里奈、PARCO出版）を読んだ。「はじめに」には、こんなことが書かれている。

十数年ほど前からすっかり虜になってしまい、日課のようにゆるりと続けていた純喫茶散策の記録を、このたび一冊にまとめる機会をいただくことが出来て、本当に幸せです。

純喫茶という言葉に妙に心を動かされる。あったなあ、というか今もある、でも、よく考えると意味がわからない。お洒落《しゃれ》なカフェとも全国的な喫茶店チェーンとも違う純喫茶って、いったいなんなんだろう。

頁《ページ》を開くと、各地の名店が写真付きで紹介されている。実際に行ったことのある店も何軒か載っていたけど、純喫茶の名の下にこうしてまとめられると、不思議にいいもののように感じられる。

憧れる昭和のイメージがそのまま形になったようで、今では決して新しく作られることのない豪華な造りに、「活きている昭和」を見ることが出来ます。

あ、と思う。純喫茶って、つまりは昭和の保存空間なのか。リアルタイムで昭和の記憶を持たない若い世代にとって、それは今や「憧れ」の対象になっているらしい。「「活きている昭和」を見ることが出来ます」とは、面白い表現だ。

確かに、本書に出てくる「ニュー平和」「シロウマ」「東洋」「くろんぼ」といった店名だけを見ても、昭和特有のセンスを強く感じる。平成に開店したお店の名前が「ニュー平和」ってことは、まずありえないだろう。

「東洋」というのもすっかり聞かれなくなった言葉である。東京オリンピックで優勝した日本の女子バレーボールチームのニックネームが「東洋の魔女」、プロレスのジャイアント馬場のキャッチフレーズが「東洋の巨人」、やっぱり昭和だなあ。

純喫茶には、どんなにお洒落でセンスのいいカフェにも手の届かない雰囲気があるようだ。その正体は、時代が一周回ったことによって生じた磁力のようなものではないか。

×月×日

引き続き、昭和の磁力について考える。数年前、選者をしている新聞の短歌欄に、こんな作品が投稿されてきたことがある。

先生はあの髪似合っていたのにな昭和のクソババァのような　　平岡あみ

一瞬、絶句した後で、何度も読み返した。そして、この短歌を第一席に選んだ。

作中の〈私〉は、たぶん高校生くらいだろう。「クソババァ」が、どうやら悪意の表現ではないらしいことに驚く。「先生」自身が「クソババァ」だから「クソババァのような」髪型が似合うという意味ではないと思うのだ。

ポイントは「昭和」だ。この言葉があることによって「クソババァ」のニュアンスが反転して、一種の褒め言葉になっている。この「髪型」の印象を、まさに昭和の言葉に翻訳するならば「ファンキーでイカしてる」とかになるんじゃないか。

今が実際に昭和だったら、このような読みは成立しない。作者が平成生まれの若者だったからこそ、一首は衝撃性と魅力を持ち得たのだ。

この場合もまた、時代が一周回ったことによって発生した昭和の磁力が背後にある。

当時の「クソババァ」の「髪型」がかっこよく感じられるほど昭和は遠くなった。そう思うと、リアルタイム世代の私は複雑な気持ちになる。

×月×日

『念力ろまん』(笹公人、書肆侃侃房)という短歌集を読んだ。ここにも一周回った昭和の空気感があった。

サーベルを噛んで暴れるジェット・シンにも老婆を避けるやさしさありき
押し入れの主なり大き壜のなか紅茶キノコは淋しく聳ゆ

いずれも風俗としての昭和が詠《うた》われている。だが、その眼差しはリアルタイムのものではない。狂虎と呼ばれたプロレスラーである「ジェット・シン」の「やさしさ」や健康食品として大ブームを巻き起こした「紅茶キノコ」の淋しさに着目しているところに、平成に生きる未来人の視点を感じるのだ。

ブロック塀に描かれた鳥居に手を合わす幼き姉妹に涙あふれる

背景となった時代は書かれてない。にも拘《かか》わらず、昭和の「姉妹」に思えるのは何故《なぜ》だろう。「ブロック塀に描かれた鳥居」とは立ち小便防止用だろう。そのような風習自体が懐かしい。そして、そんな鳥居にも手を合わせる無垢《むく》な心の保存装置として、幻の昭和がイメージされるのだ。

最後にウルトラセブンの怪獣が出てくる歌を。

セキセイインコがガッツ星人に見えるまで酔いし夜あり追いつめられて

面白い。でも、これ、「ガッツ星人」のルックスを知らないとわからないよなあ。

理想と現実

×月×日

『プリンセスメゾン』（池辺葵、小学館）という漫画を読んだ。

「居酒屋の社員・沼越さんは、モデルルーム巡りを繰り返すも、いまだ〝運命の物件〟に出会えずにいる。女性がひとりで家を買うことは、無謀なのか、堅実なのか。オリンピックを控えた東京で、女性たちが理想の家を求めて歩く、切実で夢見がちな群像劇、第1集」という紹介文に惹《ひ》かれたのだ。

　私自身は家というものを買ったことがない。ずっと賃貸だ。自分の家を探そうとしたことは、二度ほどある。いずれの時も、数カ月かけてあれこれ見て回ったのだが、理想の家に出会うことはできなかった。正確には、理想の家のイメージすら摑《つか》めなかった。

　最初に不動産会社の担当者から住みたい家の条件を訊《き》かれた時、「映画に出てくるみたいな家」と答えてしまった。その場が、しーんとした。

また或《あ》る時は、担当者に「完璧な家はありません。どこかで妥協しないと永遠に購入できませんよ。理想の六〇パーセントなら上出来です」と云《い》われて、がっくりきた。現実の壁だ。

『プリンセスメゾン』の主人公は、そんな難事業に挑んでいる。理想の家とは、天職、運命のパートナーと並ぶ人間の三大夢のひとつではないか。しかも、他のふたつに較べて、本人の地道な努力次第で、実現の可能性は確実に高まってゆく。そこが逆に悩ましいところでもあるのだが。

作中に、こんなシーンがある。

「ほんとに頑張り屋さんだねー！　マンション買うなんて、すごい大きい夢に迷わず向かっていって…」

「いえ。大きい夢なんかじゃありません。自分次第で手の届く目標です。家を買うのに、自分以外の誰の心もいらないんですから」

夢に具体的な形を与えようとする、この地道な努力のディテールこそは、本書の見所でもある。

「新しい都市の物件」「単身女性向け物件」「タワー物件」「身の丈にあった物件」「土地にこだわらない物件」といった目次を見るだけでどきどきする。

また「群像劇」ということで、物件を紹介する側である不動産会社の社員や他の登場人物の家も描かれている。医者の健康法が気になるように、不動産会社の人がどんな家に住んでいるのか興味が湧く。

そんなひとりひとりの部屋の描写で、とりわけ印象深いのはお風呂のシーンである。一日の終わりの時間に心からリラックスできる場所。その浴槽にいる彼女たちの姿勢が、全て異なっているのだ。

小さな体育座り、水面に膝小僧の島が出ている、ゆったり脚を伸ばしている……、などなど。この違いは浴槽の広さの差、すなわち住んでいる部屋のレベルの差なのだ。それが、はっきりと可視化されていて切なくなる。

×月×日

文芸評論家の池上冬樹さん主催の文学講座に参加した。その打ち上げの席で、本についてあれこれ話しているうちに、なんとなくこんなことを口走っていた。

「もう『死霊』は読まないような気がするんです」

え、あ、そうなのか、と自分で驚く。或る年齢までは、まだ読んでないけど、いつかは読むだろう、と思い込んでいた。『死霊』だけでなく、そういう大作の全てについて。でも、本当に読むものなら、もうとっくに読んでるはずだよな、と気づいてしまったのだ。

『死霊』（埴谷雄高）も『神聖喜劇』（大西巨人）も『失われた時を求めて』（マルセル・プルースト）も、読まない人生なんだろう。なんか不安だけど。これも理想と現実のギャップだろうか。

でも、『家畜人ヤプー』（沼正三）は読むと思う。十代の時に一度読んだけど、もう一回。読まないと思う本との違いはなんだろう。

そんなことを考えながら、古書店でたまたま見つけた『マゾヒストMの遺言』（沼正三、筑摩書房）を購入した。

読もうとして開いたら、その中に、古い新聞の切り抜きが入っていた。中条省平氏による本書についての書評で、「朝日'03（H15）、9、21（日）」という日付が、おそらくは切り抜いた人の手で書き込まれている。

古本って、こういうことがあるから面白い。なんだか得した気分である。書評は、こんな風に始まっている。

『家畜人ヤプー』は、埴谷雄高の『死霊』とならぶ、戦後文学最大級の観念小説である。『死霊』が形而上的話題に終始するのに対して、『ヤプー』は形而下的細部の みに充ちているというコントラストが面白い。

なるほどなあ、と思った。ということは、『死霊』を断念して『家畜人ヤプー』を再読しようと思う自分は、「形而下的細部」に惹《ひ》かれる人間ってことなのだろうか。

それにしても、『家畜人ヤプー』という異形の傑作を生みだした覆面作家沼正三の正体は誰なんだろう。そう思って、インターネットで検索してみた。うーん、諸説あるみたいだけど、真実はわからない。

×月×日

『マザーランドの月』（サリー・ガードナー／三辺律子訳、小学館）を読んだ。一頁《ページ》目から引き込まれた。

もしなにかがちがったら、とおれは考える。

もしサッカーボールが塀《へい》の向こうへいってなかったら。

もしヘクターがそれを探しにいかなければ。

もし彼がおそろしい秘密をだれかに打ち明けていれば。

もし……。

そしたらきっと、おれも別の話を語ってただろう。

な、「もし」ってやつは、星みたいに無限なんだ。

「な、」って云われても困る。「サッカーボール」がどうしたのか。「ヘクター」が誰なのか。「秘密」が何なのか。こっちは全然知らないのだ。でも、その読者に対する容赦の無さに何故《なぜ》か痺《しび》れる。

そもそも本当にリアルな思考とは、そういうものではないか。漫画やドラマの中で、登場人物がお互いの間では当然わかっているはずの情報をわざわざ口にすると、「はは一ん、これは我々に向かって説明してるんだな」と思ってしまう。サービスされて逆に白ける、ってことがあるのだ。

本書の語り手である十五歳の「おれ」は、ぎりぎりの世界に生きている。命と心を常に脅かされていて、読者に対するサービスの余裕などない。そのスタンスが、描かれた世界に悪夢的な生々しさを与えている。

やがて、生きているのが不思議な世界の中で、「おれ」と「ヘクター」のふたりに当然の死が迫ってくる。

ヘクター以外のことはどうでもいい。ヘクターは今だ。今この瞬間《しゅんかん》だ。今だけなんだ。

「キスしてほしい」ヘクターが小声で言った。

ずっと、最初にキスするのは、女の子だと思ってた。でも、今、そんなことはどうでもよかった。おれはヘクターにキスした。それから、キスされた。あこがれと共に。おれたちが一生手に入れることのできない人生へのあこがれと。

なんという美しい「キス」だろう。「おれたちが一生手に入れることのできない人生」とは、読者である我々の日常のような「人生」のことだ。

しかし、現にその中に生きている私は、作中の「おれ」のように輝くことはできない。生温い日々の中でぎりぎりの生の光に逆に憧れている。そんな私にとって、本書は眩《まぶ》しい一冊である。

微差のユートピア

×月×日

『MARBLE RAMBLE』（長崎訓子、パイインターナショナル）を読んだ。「名作文学漫画集」という副題の通り、文学作品の漫画化の試みである。

収録作品は、佐藤春夫「蝗の大旅行」、夏目漱石「変な音」、梅崎春生「猫の話」、向田邦子「鮒」、蒲松齢「偸桃」、曹雪芹「紅楼夢」、海野十三「空気男」、モーパッサン「墓」「髪」、シャルル・ペロー「青ひげ」、横光利一「頭ならびに腹」となっている。

原作のほとんどが未読だけど、とても良かった。普通の漫画とは面白さのポイントがずれているように感じるのは、原作があるせいか、それとももともとイラストレーターだからだろうか。一コマに込められた情報の量と質に驚かされる。

例えば「鮒」という作品には、愛人の部屋で戯《おど》ける男の姿が描かれている。ほんの数コマのシーンで、裸で変なポーズを取っているだけなのだが、不思議なことにそれが

「愛人の部屋で戯ける男の姿」そのものに見える。つまり、恋人や妻の前で戯ける男の姿には見えないのだ。これはカレーライスとハヤシライスを描き分ける以上に凄《すご》いことなんじゃないか。どうしてそんなことができるのか。男のポーズから窺《うかが》える無防備さの質が微妙に違うのかなあ。その微差をキャッチして表現できる作者の目と手に怖さを感じる。

×月×日

『冬のＵＦＯ・夏の怪獣』（クリハラタカシ、ナナロク社）を読んだ。「好きだと思うよ」と人に勧められて手に取ったのだが、その通りだった。『MARBLE RAMBLE』と同様に、読み飛ばすことのできないタイプの漫画作品だ。

例えば、台所には黄色と緑の、あのスポンジが置かれている。雨上がりの庭先にあるサンダルに足を入れたら「ぐじゅっ」となる。建物の壁面にある「宇宙博物館」という箱文字にちゃんと影がある。煙草《たばこ》屋の店先の旗には「たばこ」、という文字が裏返っている。

いずれも現実世界で普通に見かけるモノやコトなんだけど、それらが漫画の中できちんと再現されていることに快感を覚える。

「ユートピアについて考えるとどうしても個人の瞬間の中にしか存在しないのではない

かという結論に至ってしまいます。だからそんなプチプチしたものを集めてみたいなと考えました。あとは少しの嘘。」とは作者の言葉だが、前述のような細部のリアリティから「嘘」への揺らぎがなんとも魅力的だ。


「あっ！　シラスに蛸の赤ちゃんが混ざってた！」

「ハンバーガーって上下逆さにして食べると味が落ちるんだって」

「うそっ！」

「ほんと」

「へー　具の配列かな」

飛行場の近くの
この高台の公園は
子供たちに人気だ
超音速機が
通過する際に
発生する上昇気流で
遊んでいるのだ

しかし
飛行機の影の中で
油断は禁物である
超音速機のトイレは
未だ垂れ流し式なのだ
少しでも軽く
少しでも速く
飛ぶために

こんな風に並べてみると、それぞれの「嘘」の度合いが微妙に違っていることに気づく。「嘘」みたいな本当。本当っぽい「嘘」。でも、単なる出鱈目《でたらめ》は出てこない。

例えば、「垂れ流し式」のトイレには、昔の汽車のイメージがオーバーラップしているんじゃないか。また「少しでも軽く少しでも速く飛ぶために」とは、未来に夢があった時代の文体だと思う。そして、ここに描かれた「超音速機」とは今は失われたコンコルドのことだろう。まるで未来のような過去の夢たち。

この作品世界では、確かに覚えのあるモノやコトを組み合わせて、どこにもあってどこにもないような、蜃気楼《しんきろう》めいた一瞬の幸福が作り出されている。

×月×日

『SOLO』（谷川俊太郎、ダゲレオ出版）を読んだ。作者の初めての写真集ということで、自身の住むワンルームの室内を撮っているようだ。

写されているのは、水を溜めている途中の洗面台とか、ビニールの買い物袋に入ったまま棚に置かれたトイレットペーパーとか。ただの洗面台やトイレットペーパーじゃないところが面白い。モノの背後に、そこで生きている人間の影を感じるのだ。

また、郵便受けに落とされたチラシ類も被写体になっている。そこにはこんな文字が記されている。

あなたのお好きな色を塗ってお店へご持参ください
かわいい今流行のケシゴムをさしあげます

チラシがぬり絵になっているのだが、言葉遣いが微妙に気になる。「かわいい今流行のケシゴム」ってなんなんだ。

こんなのもあった。

印刷に、余分な金。

それ以上払うのは、お止め下さい。


印刷会社のチラシらしいけど、「。」の位置がおかしくないか。これらの言葉が、詩人の写真集の中で、大きくクローズアップされる時、その微妙なブレが独特の存在感を伴って、こちらの目に迫ってくる。

×月×日

御茶ノ水のかげろう文庫で『僕らの住む地球』（松平道夫、金蘭社）という本を買った。初山滋の素晴らしい装幀に惹《ひ》かれたのだ。

中身は戦前に書かれた子供向けの科学学習本らしい。「僕」と「伯父さん」の対話形式で話が進んでゆく。それを見ているだけで地球についてのさまざまな知識が身に付くという仕組みである。

こういう昔の本や雑誌をけっこう買ってしまう。子供を巡る環境や風俗が現在とは大きく異なっていて新鮮なのだ。「コドモノクニ」とか「少女の友」といった雑誌が一万円以上するのに対して、本の方は今の新刊書より安かったりするから手が出しやすい。

本書の第一章は「地球は圓い球であつて廻轉してゐる」である。しばらく読み進んだところに、こんな会話が出てきた。

「さうですか。僕はそれを知らなかつたものですから、氣球にのつて空高くのぼり、そこにじつととどまつてゐたら、地球が廻つて行つて、幾時間か後には、ドイツにでも、イタリーにでも、降りられると考へたことがあります。」

「なるほど、それはすばらしい空想だ。そんなことができたら、飛行機はいらなくなる。ただ空にのぼつてじつとしてゐるだけで、ロンドンでもニューヨークでも爆撃できるから、こんな都合のよいことはないが、實際にはそれはできないことなんだよ。」

ぎょっとして、反射的に奥付を見た。「昭和十八年十月十五日発行」。なるほど。そういうことか。

「伯父さん。アメリカが地球の裏がは、つまり私たちの足の下の方向にあるのだとしますと、アメリカではすべて物がさかさまになりはしませんか。きつと頭が下をむいてゐるでせうね。」

「はゝゝゝ。これは大へんな質問だね。憎らしいアメリカ人どもが、みんな天井裏をはひ歩く蠅のやうに、地球にしがみついてゐるとは思はれないね。（略）」

うーん、子供向けの科学学習本まで、こういう感じだったんだなあ。わかってるつもりだったけど、改めて見るとびっくりする。この驚きも古本の価値のうちだと思う。

乱歩を摂取したくなる

×月×日

突然、江戸川乱歩が読みたくなって、近所の本屋に行った。何年かに一度、そういう気持ちになるのだ。宮崎駿によるカラー口絵付きの『幽霊塔』（岩波書店）があったので、それを買った。

本の最後に付された「自註自解」によれば、この作品は乱歩のオリジナルではなくて「黒岩涙香《くろいわるいこう》の翻訳をわたし流に書き改めたもの」とのこと。いわゆる翻案だ。

でも、原作がなんだろうと、翻訳がどうだろうと、「わたし流に書き改めた」なら、それはもう乱歩の世界だ。一気に読んだ。

そもそも江戸川乱歩という名前自体が、エドガー・アラン・ポーの翻案である。いくら好きでもプライドのないネーミングだなあ、などと昔は思っていたのだが、或《あ》る時から感じ方が変わった。

エドガー・アラン・ポーが「江戸川」で「乱歩」って……、その緩さに翻案の妙というか、オリジナリティとは別の価値があるんじゃないか。近代以前の名残《なご》りめいたセンスを感じる。

そんな乱歩には不思議な魔力があって、どんなにトリックが荒唐無稽でも、人物の造形が変でも、ストーリーがご都合主義でも、何故《なぜ》だか面白く読めてしまうのである。そういう作家は滅多にいない。

もちろん、有名な代表作は素晴らしいんだけど、失敗作の場合でも、冷たく切り捨てることができない。

先の「自註自解」に、こんな一文がある。

この人間改造術は隠れ蓑《みの》願望または変生願望を科学的に実現させる手段であって、あの子供のころからの夢がそのまま実行できるという深刻なる快感を伴うわけだが、私は人一倍隠れ蓑願望にあこがれる性格だから、機会さえあれば、重複をいとわずこのことを筆にしているわけである。

ここに乱歩の面白さの秘密があるんじゃないか。彼は大人になっても、偉くなっても、「子供のころからの夢」に対する純粋さを失っていない。

乱歩の「夢」は、良識ある大人の目から見ると、危険というか変というか恥ずかしいというか、ネガティブな要素の塊だ。でも、「機会さえあれば、重複をいとわずこのことを筆にしている」という言葉通り、彼は心の底から憧れる「夢」と「願望」だけを正直に描き続けている。その純粋さが読者の心を溶かすんじゃないか。

×月×日

乱歩がさらに読みたくなって、古本屋を回って『化人幻戯』（講談社　江戸川乱歩推理文庫）、『湖畔亭事件』（同前）、『暗黒星』（角川ホラー文庫）他を買い込んでしまった。『化人幻戯』は初めて読んだけど、とてもよかった。特異な動機を秘めた人物の描写には、還暦を過ぎてからの作品とは思えないほどのアナーキーな瑞々《みずみず》しさがある。ラストシーンなんて素晴らしいよ。

解説の中に作者の言葉が引用されていた。

例によって一人二役、変身願望を描いたもので、私の執拗な好みは六十歳を越してもなおらなかったのである。

まるで悪癖とか病みたいな云《い》い方だけど、「執拗な好み」に殉じる心の純度こそが魅力なんだから、まったく問題ない。本当の本当に好きなことを書き続けるって凄《すご》いことだ。乱歩の作品はいつも、本読むのって楽しいな、という気持ちを回復させてくれる。

×月×日

『獏鸚《ばくおう》』（海野十三、創元推理文庫）を読んだ。「名探偵帆村荘六の事件簿」という副題をもつ短編集で、作者は江戸川乱歩と同世代である。

収録作品は「麻雀殺人事件」「振動魔」「爬虫館事件」「赤外線男」「点眼器殺人事件」「人間灰」など、なんとも面白そうだ。

いずれも昭和初期に発表されたものだが、その時代に特有のテンションに充《み》ちているのはタイトルだけではない。

大東京のホルモンを皆よせあつめて来たかのような精力的《エネルギッシュ》な新開地、わが新宿《しんじゆく》街《がい》は、さながら油鍋のなかで煮られているような暑さだった。（「麻雀殺人事件」）

一読して、嬉《うれ》しくなる。「大東京のホルモン」かあ。こんな文章は、もう誰にも書けないだろう。語彙《ごい》とレトリックを支えている時代の空気感がまったく違っているのだ。今は「東京」に「大」をつけたり、「新宿」に「街」をつけたりしない。しかも「ホルモン」、最高だ。

ミステリは舞台背景となる時代の影響が大きい。終戦直後の作品に「復員兵」なんて言葉が出てくると、そこから運命の歯車が回り出しそうで、どきどきしてしまう。スマホとインターネットと科学捜査の世界では「獄門島」や「八つ墓村」の雰囲気は生み出しようがない。

本書の場合は、昭和初期の自由さに、逓信省電気試験所の無線研究者でもあったという作者の科学的奇想（？）が混ざり合って、とんでもない作品世界になっている。

若《も》し僕が、仮《か》りに柿丘秋郎の地位を与えられていたとしたら（略）僕は呉子さんのために、エジプト風の宮殿を建て、珠玉を鏤《ちりば》めた翡翠《ひすい》色の王座に招じ、若し男性用の貞操帯というものがあったなら、僕は自らそれを締めてその鍵を、呉子女王の胸に懸け、常に淡紅色の垂幕を距《へだ》てて遙かに三拝九拝し、奴隷の如くに仕えることも決して厭《いと》わないであろう。しかしながら友人柿丘秋郎の場合にあっては、なんというその身識《し》らずの貪慾者であろう。彼は、もう一人の牝豚《めぶた》夫人という痴《し》れものと、切るに切られぬ醜関係を生じてしまったのだった。

（「振動魔」）

「男性用の貞操帯」「牝豚夫人」「痴れもの」「醜関係」……、熱すぎる。これでタイトルが奇妙に科学的（？）な「振動魔」ときては、読まずにはいられない。メイントリックの発想の意外性には感銘を受けた。

×月×日

『天使の涎《よだれ》』（北大路翼、邑書林）という句集を読んだ。会田誠による推薦文に「良い意味でヤクザ」という言葉があって笑ってしまった。「天使」＝聖と「涎」＝俗が同居するような世界が描かれている。

蝶になる職務質問すり抜けて

「蝶」＝聖と「職務質問」＝俗の組み合わせが、言葉としては意外でありつつ、独特の抒《じょ》情《じょう》を生み出している。

朝日美しカラオケ館から半裸の人

こちらは「朝日」＝聖と「カラオケ館」＝俗か。「半裸の人」のぼろぼろな突き抜け方が、朝を輝かせている。

回転寿司にあの日の雪がまだ回り

「回転寿司」＝俗と「雪」＝聖。「あの日の雪」が、そんなところにまだ回っているなんて。

ラジオネームみるく五十二歳のリクエスト

ポイントは「みるく」の平仮名表記じゃないか。「リクエスト」という言葉が妙に切なく見える。いったい何を「リクエスト」したんだろう。

トイレから戻ると枕が冷えてゐた

あるなあ。でも、もう一度、その上に頭を乗せるしかない。生きることの芯にある孤独を示しているようだ。

「ダーク」の教え

×月×日

『愛のようだ』（長嶋有、リトルモア）を読んだ。物語の中で、主人公はずっと若葉マークをつけた車に乗って移動している。ロードムービーみたいだ。でも、彼とその友人は、こんな会話を交わしているのだ。

「ロードムービーの中の人ってさ……」
「うん」
「あんなに移動しているのに、ぜんっぜん、疲れないのな」
「うん」
「嘘だって今、思ったよ」

なるほどなあ、と思う。確かに、ロードムービーの中の人は疲れず、またラブシーンの時の滑稽な動きなども省略されている。だが、多くの映画や小説が切り落としてしまうそれらの部分こそが、実は人生の主成分なのではないか。つまり、本当の我々はいつも疲れていて滑稽なのだ。

でも、この小説の登場人物はちゃんと疲れている。そして、滑稽で惨《みじ》めで混乱している。そこが素晴らしい。我々の本当の姿に対する愛が滲《にじ》んでいる。

×月×日

近所の本屋で、読むものが欲しいなと思って手に取ったのが、『脳男』（首藤瓜於、講談社文庫）と『ユリゴコロ』（沼田まほかる、双葉文庫）だった。両方とも面白くて、立て続けに読んでしまった。

この二作は、文体も設定も展開も似ていない。にも拘《かか》わらず、どこかに近い感触を覚える。

『脳男』の帯に「衝撃のダーク・ヒーロー誕生！」と記されていて、これか、と思う。似たところのない二冊だけど、核になる登場人物が極端に「ダーク」である点が共通している。だからこそ、安心して彼らに感情移入できるのだ。

しかしその反面、彼は他人から指示されなければ指一本動かそうとしない。毎日決まった時間に「トイレにいきなさい」といわなければ彼は垂れ流してしまう。それだけは何年経ってもどうしても変えることができなかった。

（『脳男』）

私のように平気で人を殺す人間は、脳の仕組みがどこか普通とちがうのでしょうか。

（『ユリゴコロ』）

自分自身の感受性が変質していることに気づく。子供の頃、テレビの中の正義の味方はどこを切っても金太郎飴《あめ》のように正義の味方だった。でも、今の私は、「ダーク」でないヒーローやヒロインに対して、ほとんど反射的に不信感を持つようになっている。

×月×日

喫茶店や電車の中で、それを読んでいる人を見かけたら好感を持つ本は何か。そんな話をしたことがある。私が思いついた答は「諸星大二郎の本」だった。

その後、或《あ》る雑誌に、モテたければ諸星作品を読むべし、と冗談めかして書いたところ、何人かの知り合いからのメールに、ささやかなクレームが含まれるようになった。自分は諸星大二郎のファンでいつも読んでるけど全然モテない、というのである。

おかしいな、どう考えても諸星大二郎を読む人の好感度は高いと思うんだけど、モテないのは、きっと世界の方が間違ってるんです、と返信したけど納得して貰《もら》えなかった。
江戸川乱歩などと同様に、諸星大二郎の漫画をまとめ読みしたくなる時期がある。近所の新刊書店に既読の作品しかなくても大丈夫。いい感じの古本屋には、必ず諸星大二郎の本が並んでいるものなのだ。この人は古本屋にモテる作家でもある。ばりばりの現役でそういう例って、意外に珍しいんじゃないか。
今回は『私家版鳥類図譜』『私家版魚類図譜』（講談社）他を買い込んだ。

「なぜならぼくは〝世界〟の外に憧れるあまり、鳥のようになりたいと思った…それしてこの鳥の少女を愛した…それこそが罪だった。しかし少女が〝虚空〟を渡ってまでぼくを追ってくるとは……」

「なぜ〝世界〟の外に…〝虚空〟に惹かれるのか…邪悪なものたちに交じってまで…〝世界〟の外に意味はないのに…」

「鳥たちはぼくを受け入れた。それはぼくがもはや永遠に〝世界〟に入れない者だから……」

（「塔に飛ぶ鳥」『私家版鳥類図譜』）

ときめくなあ。中二病を極めたような選ばれし者の感覚とボーイミーツガール性。そして「邪悪なものたちに交じってまで」の「ダーク」感。本作に限らず、作者が描いているのは、金太郎飴のような正義の味方が存在し得ない世界だと思う。

×月×日

古本屋で「季刊ドラキュラ」（新樹書房）という雑誌の創刊号をみつけた。昭和四十八年の発行で「唐十郎責任編集」とある。「ドラキュラアンケート」という頁《ページ》には、回答者の写真とともにこんなことが記されていた。

質問①　あなたの血のイメージは？
質問②　もしあなたがドラキュラなら第一番目に誰の血を吸いますか？
質問③　あなたは人のために血を流せますか？

塚本邦雄（歌人）
①「鮮血の赤の他人のわかものと硝子へだてて立つ硝子舗《がらすや》に」
②血は吸ふべきものならず喀くものと心得居候。
③みづからのためにさへ惜しむ血を何條他人のためになど可流候哉。

中井英夫（作家）

①②③本物の吸血鬼にこんな質問をしてはいけません。まして写真など論外。

矢川澄子（ドイツ文学者）

③（略）男の方のことはよくわかりません。女であるということは、すでにして何物かのために血を流しつづけていることであり、この血が明日のいのち、ゆたかなみのりにつながらないとすれば、その時こそ女は絶望のうちに犬のごとく野垂れ死ぬほかはないでしょう。女がドラキュラになるということは考えられません。むしろ血を吸われつくしてほろびることとさえ、のぞましい真のエクスタシーなのです。

この感じ、懐かしい。どの回答もその人らしく、その時代らしい。自分が彼らから「ダーク」の教えを受けたことを思い出す。

×月×日

イラストレーターで漫画家のフジモトマサルさんの訃報を受けた。彼とは『にょっ記』というシリーズの連載で、十年以上共同作業をしていた。いつまでも続けるつもりだったのに。

呆然《ぼうぜん》としながら、フジモトさんの本を書棚から抜き出した。『いきもののすべて』（文藝春秋）、『二週間の休暇』（講談社）、『夢みごこち』（平凡社）……、どれも素晴らしい。

私が特に好きなのは『二週間の休暇』。この作品は、動物を得意とするフジモトさんにしては珍しく人間が主人公だ。

或る日、彼女は見知らぬ町の見知らぬ部屋で目覚める。何故《なぜ》か記憶を失っている。異常事態だ。でも、彼女は、そのままそこで静かな生活に入ってゆく。

あたたかな空気。

緑の匂い。

穏やかな午後。

散歩のあとの読書。

なんだか、理想の暮らしに思えてくる。読み終わった時、日常の風景が変わっていることに気づかされる。フジモトさんの本をもっと読みたかった。その絵は近作になるほど美しい。この先の世界を見せて欲しかった。

面白さの幅

×月×日

『〝少女神〟第9号』（フランチェスカ・リア・ブロック／金原瑞人訳、ちくま文庫）を読んだ。

何年も前に『ヘビトンボの季節に自殺した五人姉妹』（ジェフリー・ユージェニデス、ハヤカワepi文庫）を読んで感動していたら、友人に「『〝少女神〟第9号』もいいよ」と云《い》われたことがある。

「似てるの？」

「うーん、似てはいないかな」

そんなやりとりがあって、ずっと気に掛かっていたのだ。やっと読めた。とてもよかった。

好きなものに夢中になりすぎ、きらきらしたものに憧れすぎる、そんな少女たちの物語。そのために彼女たちは傷ついたり、怯《おび》えたり、苦しんだりする。それでも好きという気持ちを止めることができないのだ。

その中の一人の女の子はロックスターのグルーピーとして遊び回り、セックスを繰り返して、最後にはドラッグの過剰摂取で死んでしまった。

彼女の友達だった男の子の独白はこうだ。


レイヴはほとんど泣かなかった。あの日ビーチでぼくの話をきいたときくらいだ、泣いたのは。もっといろんなことをいって泣かせてやればよかった。人魚になったレイヴの涙の海で一度でいいから泳いでみたかった。その海でロックスターなんかみんな溺れてしまえばいい。


危うさを増してゆくレイヴの姿を、すぐ近くで見ていながら、どうすることもできなかった「ぼく」の言葉から、『ヘビトンボの季節に自殺した五人姉妹』の中で、少女たちの自殺を止めることができなかった「ぼくたち」のことを思い出した。

本当に純度の高い魂は世界の向こう側に消えてしまって、あとに残された者たちは、それについて思い出し、話し合い、物語ることしかできない。そんな世界の在り方を思った。

×月×日

『その愛の程度』（小野寺史宜、講談社）を読んだ。主人公は三十五歳の男性会社員である。『〝少女神〟第9号』のようなきらきら感は、ほぼゼロだ。

「今日は、そば、どうですか？」
「いいね」
「ランチセットでもそばの大盛無料って奇跡の店を見つけたんですよ」
「そこにしよう」

小池くんと二人、奇跡の店へと向かう。

「奇跡」のあまりのしょぼさに感心する。凄《すご》いサラリーマンっぽさだ。会社で働いていた頃の自分も、いつもこんな会話をしていたと思う。

ランチで大盛無料といっても、どうせ普通盛り自体の量を少なめに設定しただけなんでしょ？

激戦区を駆け巡るサラリーマン戦士なら誰もが抱くであろうそんな疑念を吹き飛

ばすぐらいの大盛もりそばとカツ丼のセットが、小池くんの前に置かれた。（略）

つまりそういうことだ。激戦区でごまかしは利かない。少なくとも、質より量を求める者に対して、量のごまかしは利かない。

「量のごまかしは利かない」の身も蓋《ふた》もなさに痺《しび》れる。このトーンのまま、仕事や愛が語られてゆくのだ。

きらきらどころか、どちらかと云《い》えばどんよりした世界なのに、何故《なぜ》か面白い。きらきらが面白いのはわかるけど、どんよりはどんよりで面白いのだ。人間の感じる面白さには、ずいぶん幅がある。

×月×日

「新作を書かないで、今までに出した小説だけで食べていけないかなあ」

友人の作家がそんなことを云った。

「そんなの無理でしょう」

「いや、そうとは限らない」

「無理だよ」

「つげ義春の例がある」

なるほど、と妙に納得してしまった。つげさんは、たぶん、ここ三十年くらい新作を描いてないんじゃないか。なのに、本は出続けている。雑誌の特集も見かける。そして、何よりも読者たちに愛され、表現者たちに尊敬され続けている。

「でも、ひとつ問題があるよ。誰もつげ義春にはなれない」

「それなんだよね」

などと云いながら、何故かふたりで画像検索を始めてしまった。おっ、つげ義春って、今はこんな風貌なのか。

「かっこいいね」

「うん、かっこいい」

帰りに本屋で『無能の人・日の戯れ』（新潮文庫）を買った。何度も読んでるけど夢中になる。全ての場面が生々しくて、しかも意外。表現に養殖感がないというか、とにかく鮮度が高い。面白さの幅ってことを考えるなら、つげ作品は一方の極に位置するものじゃないか。

×月×日

『桜前線開架宣言』（山田航編著、左右社）という本が出た。サブタイトルは「Born after 1970 現代短歌日本代表」。つまり、一九七〇年以降に生まれた歌人のアンソロジーだ。

全部で四十人の作品が収められ、一人一人の作風やキャラクターが分かりやすいキーワードによって解説されている。作品と共に幾つか抜き出してみる。

・松野志保＝「「ボーイズラブ短歌」のトップランナー」

濃い影を持つことも倒れる様も樹に似てふたり夏草の上

・野口あや子＝「「ヤンキー女子」の魂の慟哭」

野口あや子。あだ名「極道」ハンカチを口に咥えて手を洗いたり

・雪舟えま＝「「地母神」」

世界じゅうのラーメンスープを泳ぎきりすりきれた龍おやすみなさい

・永井祐＝「「ネオリアリズム」」

大みそかの渋谷のデニーズの席でずっとさわっている1万円

・井上法子＝「「巫女」」

煮えたぎる鍋を見すえて　だいじょうぶ　これは永遠でないほうの火

ただキャッチーなフレーズをぺたぺたと貼《は》りつけたわけではないことは、次のような評言からわかる。

・横山未来子＝「まるでそれが生まれつき備わっている声であるかのように、極限まで美しさを引き出そうとする文体を操ることが出来る」

音のなき世界にありて唇を読むごとく君を視つめてゐたり

・中澤系＝「病に冒されて身体の自由を失っていたあいだも、中澤系の思考はずっと冴え続け、澄み切っていたのだと信じている。身体の自由はあったけれど、世界に阻まれるように部屋に閉じこもっていたぼくにとって、中澤系は一つのともしびだった」

3番線快速電車が通過します理解できない人は下がって

「短歌に興味があるんですけど、何から読んだらいいですか」と聞かれるたびに答えに困っていた。お薦めの歌集の名前を挙げることはできる。でも、短歌をまったく読み慣れていない人が、三百首とか五百首とか歌だけが詰まった本を心から楽しめるだろうか、と不安になるのだ。

このアンソロジーのおかげで、当分は答えに迷わなくて済むようになった。パラパラとめくって興味を引かれたところから試して貰《もら》えばいいのだ。

眩しい歌

×月×日

『キリンの子』（鳥居、KADOKAWA）を読んだ。帯には「目の前での母の自殺、児童養護施設での虐待、小学校中退、ホームレス生活――拾った新聞で字を覚え、短歌に出会って人生に居場所を見いだせた天涯孤独のセーラー服歌人・鳥居の初歌集」と刺激的な文字が並んでいる。それから、赤い傘を差して波打ち際を歩く女の子の写真。

この人が「鳥居」さんなのか。苗字だけで名前はないのか。拾った新聞で字を覚えた人の短歌ってどんなのだろう。と思いながら頁《ページ》を開いた。

病室は豆腐のような静けさで割れない窓が一つだけある

静かな歌に見える。でも、何か怖い。実は命に関わるような非常事態なんじゃないか。

「豆腐のような静けさ」から、魂が抜けたような孤独と絶望を感じる。開かない窓ではなく「割れない窓」のある病室に、抜け殻《がら》の〈私〉は閉じ込められているのだ。

　大根は切断されて売られおり上78円、下68円

　えっ、と思う。まったく即物的な短歌だ。喜怒哀楽のような感情は、どこにも見られない。でも、なんだか、心に引っかかる。「大根」が切断されて売られている。しかも、上下で値段が微妙に違う。そこに我々を取り巻く社会システムの精度の高さを感じる。でも、それは限りなく非情さに近いものではないか。

　目覚めれば無数の髪が床を埋め銀のハサミが傍らにある

〈私〉が眠っている間に、誰かが誰かの「髪」を切りまくったのだ。次に目覚めた時、いったい何が起こっているのだろう。「銀のハサミ」は、どこにあるだろう。

　孤児たちの墓場近くに建っていた魚のすり身加工工場

事実をそのまま書いているようだ。けれど、事実の中の何を書くかによって詩が生ま

れたり、生まれなかったりする。たぶん、「孤児たちの墓場」の近くには海もあったんじゃないか。でも、作者はそれよりも「魚のすり身加工工場」を選んだ。そこに、慰めや癒《いや》しではなく、絶望を直視する眼差しを感じる。

みわけかたおしえてほしい　詐欺にあい知的障害持つ人は訊く

「みわけかたおしえてほしい」の真っ直ぐさに胸をうたれる。この言葉に対して、どう答えたらいいのだろう。気持ちはわかる。でも、「みわけかた」がわからないようにやるのが「詐欺」なのだ。私たちが生きている世界がどういう場所なのか、改めて思い知らされる。

思い出の家壊される夏の日は時間が止まり何も聞こえぬ

幸福な思い出のある家。それが壊される時、心のヒューズが飛んで、時間も音も遮断されてしまう。悲しいでも寂しいでもなく、「時間が止まり何も聞こえぬ」という真空状態だ。

一気に読んだ。そして、静かな言葉たちに込められたぎりぎりの魂に圧倒された。一首一首の背後に、この歌をこの世に存在させたい、この歌はどうしても書かれなければならない、という思いの強さを感じる。今の私には、それが眩《まぶ》しい。

×月×日

『東京最後の異界　鶯谷』（本橋信宏、宝島SUGOI文庫）を読んだ。ラブホテル群の向こうにスカイツリーがにょっきり立っているカバー写真を見たら、反射的に手が出てしまった。

どうして、こういう風景に弱いんだろう。お洒落《しやれ》なだけでも駄目、その逆でも駄目、異質な要素が混ざっていると興奮してしまう。異世界の入口めいた感じがするからか。

また、意識の底の方で「鶯谷」が気になっていたような気もする。「東京最後の異界」と云《い》われて、さらに詳しく知りたくなった。

「鶯谷《うぐいすだに》は幻の街である。少なくとも行政的な地名としての鶯谷は、地上に存在しない。存在するのはJR山手線《やまのてせん》の駅名としてであり、一部の店名と道路標識にその名を留《とど》めるだけだ」という冒頭から引き込まれる。「幻の街」、行ってみたい。

ラブホテル街に隣接するドラッグストアに尋ねてみた。

「ここで一番売れるドリンク剤は何ですか？」

若い店主は自信満々に断言した。

「トンカットアリ」

初めて聞く名前だ。

「最近、流行《はや》ってるんですか」

私の質問に店主は答えた。

「いえ。前からありますよ。植物のバイアグラといわれるほどですからね。トンカットアリ、有名ですよ」

こんなやりとりに、どきどきする。「トンカットアリ」という名前の奇妙さが嬉《うれ》しいのだ。変であればあるほど嬉しいって、どういうことだろう。イーハトーブ効果というかなんというか、異世界の飲み物って気分が盛り上がる。

「ジャッキー・チェンとテレサ・テンが付き合っていたって、知り合いの女性誌編集者から聞いたわよ。ジャッキー・チェンって妻子持ちでしょ。だから不倫だったんじゃない。それで、密会の場所が鶯谷だったんですって。ラブホテルかな。まさかね、それこそ西陽の当たるマンションの部屋だったんじゃない」

本当かなあ、と思いながらも、やはり変なリアリティに感心する。これが六本木や赤坂では、ぜんぜん面白くない。ジャッキー・チェンとテレサ・テンが鶯谷で、というところが興奮のポイントなのだ。ラブホテル群とスカイツリーの組み合わせがそうであるように、意外過ぎてなんだかコラージュみたいじゃないか。

×月×日

『パンティストッキングのような空の下』（うめざわしゅん、太田出版）という漫画作品集を読んだ。『東京最後の異界　鶯谷』がジャケ買いなら、こちらはタイトル買いである。青春の無力感が鋭く表現されていると思う。

「ガキの俺はこわなった。俺を残してみんな言葉で繋《つな》がっとる。俺だけが独りぼっちや。でもな、それはちゃうんや。言葉なんてただのインチキ手品や。言葉なんてな、犬がムリヤリ着せられとる服みたいなもんや。（略）でも犬は自分で服ぬがれへん。どんなボロ服着とっても」

優れた言語感覚の持ち主である作者が、登場人物にこんな台詞《せりふ》を語らせていることに面白さを感じる。その引き裂かれ方が、ひりひりするような感覚を生み出している。

また別の作中では、女の子がこんなことを云っている。

「とにかく！　私の人生超すばらしいよ！　でも…生まれてこないで済んだならそれが一番良かったな」

やはり激しく引き裂かれている。現実的にはとても同意できない意見なのに、何故《なぜ》か感動する。「超すばらしい」から生まれてきて良かった、では駄目なのだ。作中の空気に火薬が混ざっているような危うさに惹《ひ》かれる。

「きれいなイルミネーション。でもきっと洋ちゃんにはぜんぜん違く見えてるのね」

歩道橋から夜の街を見下ろしながら、こんなことを云われたら、どきっとするよなあ。

詩の意味

×月×日

神保町の古書店で『サンチョ・パンサの帰郷』（石原吉郎、思潮社）を発見。どきっとする。初めて見た。欲しいなあ。でも、高い。中身を読むだけなら、わざわざ初版本を買わなくてもいいのだ。それに「現代詩人双書10」ってことは、もしかしたら装丁が他の本とかぶってるんじゃないか。

あれこれ理由をつけて、なんとか自分を納得させようとする。でも、詩歌《しいか》の本って中身を読むだけじゃないんだよなあ。リアルタイムの空気が欲しくなるんだ。

奥付を見ると、発行日が一九六三年十二月二十五日。そうか。石原吉郎ってクリスチャンだった。駄目だ、買ってしまう。慌てて店を飛び出した。

それから、頭を冷やすためにアマゾンを見たら同じ本が四十八万円……、ってなんだそれは。めちゃくちゃだ。さっきのが激安に思えてくる。

×月×日

『サンチョ・パンサの帰郷』が復刻されたことを知る。生誕百年記念ってことだろうか。二千四百円。安い。しかし、なんというタイミングだ。これで初版本の方は諦められる。ほっとしたような残念なような複雑な気持ちだ。早速、復刻本を買って読んだ。素晴らしい。

私は普段短歌を作っているのだが、しばしば不安になる。短歌とか詩とか、いわゆる韻文って本当に意味があるんだろうか、と。

そう思うのは、一般の読者に人気がなくて読まれないってこともあるけど、それだけじゃない。もっと、純粋にその意味がわからなくなることがあるのだ。

でも、『サンチョ・パンサの帰郷』は、その不安を消してくれた。ここにはこの形、つまり詩以外では絶対に表現できない世界がある。

なんという駅を出発して来たのか
もう誰もおぼえていない
ただ　いつも右側は真昼で
左側は真夜中のふしぎな国を

汽車ははしりつづけている

（「葬式列車」より）

「右側は真昼で／左側は真夜中」に衝撃を受ける。イメージの異様な鮮烈さ。だが、それ以上に、表現の背後に、確かにひとつの現実が張り付いていることを感じる。巨大な国はその中に「真昼」と「真夜中」を抱え込んでいるだろう。寓意の強度が桁違《けたちが》いだ。

あとがきからもわかるように、この詩集に収められた作品は、作者の「シベリヤの強制収容所」体験に根ざしている。そのことの直接的な意味は、私の理解を超えている。ただ、あまりにも重い現実に対しては言葉が虚しくなる、ということは知っている。では、そのような現実を前にした時、我々は沈黙するしかないのだろうか。石原吉郎の答えはこうだ。

詩における言葉はいわば沈黙を語るためのことば、「沈黙するための」ことばであるといっていい。もっとも耐えがたいものを語ろうとする衝動が、このような不幸な機能を、ことばに課したと考えることができる。いわば失語の一歩手前でふみとどまろうとする意志が、詩の全体をささえるのである。

（「詩の定義」『石原吉郎詩文集』講談社文芸文庫）

世界を沈黙が埋め尽くす時、散文の言葉はもはや機能できない。それが生み出すものは、現実の似姿だからだ。そんな時のために詩がある、というか、石原吉郎にとっては、そこには詩しかなかったのだ。その絶対零度の必然性に痺《しび》れる。
詩の存在に意味があることを確認できて嬉《うれ》しい。と同時に、今度は本物の詩の条件を充《み》たさない自分自身の言葉が不安になる。

×月×日

『サンチョ・パンサの帰郷』を鞄《かばん》の中に入れておいて読む。途轍《とてつ》もなく重いはずの詩が、電車に立ったままでも読めてしまうのが不思議だ。

ぼくらは　高原から
ぼくらの夏へ帰って来たが
死は　こののちにも
ぼくらをおもい
つづけるだろう
ぼくらは　風に
自由だったが
儀式はこののちにも

ぼくらにまとい
つづけるだろう

（「風と結婚式」より）

こんな言葉に触れる時、美しいと感じるし、先の「葬式列車」なども面白いとすら思えるのだ。不謹慎だろうか。いや、そこにも詩の秘密があると思う。

×月×日

『月に吠えらんねえ』（清家雪子、講談社）の四巻が出ていた。一読して、愕然《がくぜん》とする。この凄《すご》みはいったいなんなんだ。

友人たちが口々に、この漫画のことを云《い》い出したのは、いつだったろう。もうだいぶ前の気がする。でも、最初は手を出す気になれなかった。漫画の主人公が萩原朔太郎で、タイトルがその第一詩集『月に吠える』のパロディ、にしても『月に吠えらんねえ』はいただけない、と思ったのだ。

だが、或《あ》る日、知り合いの編集者から、第一巻を手渡された。読んでみたら、意外に面白かった。でも、その時点ではまだ、近代の詩人歌人俳人のキャラクターと関係性を楽しむ漫画、という印象だった。

ところが、巻数が進むにつれて、それどころではないことがわかってきた。これは何か、とんでもないことをやろうとしてるんじゃないか。近代日本の韻文精神の総括、というか。

別の見方をすると、日本とは何か、近代とは何か、戦争とは何か、性別とは何かについて、韻文という意外な視点から解き明かそうとしている、という認識で合っているのか。スケールが大きすぎて摑《つか》みきれない。

裸足なんていやだわ

きれいな靴をはかせてあげるよ
バラバラに弾けて
消えてしまった君の形を
君が表しきれなかった君の形を
僕が作るよ
君の望む姿ではないかもしれないけれど

好きにして
他人の形を作り替えて
真実として残してしまうのは

才能ある人の特権よ
チエさん
これは愛だろうか
それは芸術よ

あまりにも壮大で、突き抜けていて、清家雪子って凄い、という気持ちと、漫画って凄い、という気持ちが同時に湧き上がる。こんなことをして、ちゃんと読者を獲得できてるんだから。同じことを言葉だけでやろうとしたら、どうだろう。仮にできたとしても、ごく少数の読者にしか伝わらないと思う。

そういえば、短歌と俳句に関しては、かつてそれに近い機会があった。敗戦直後の第二芸術論で、ジャンルの存在意義を真っ向から否定された時である。その問題に立ち向かって、前衛短歌運動の旗手塚本邦雄は奮闘した。

でも、さらに長い目で見ると、結局うやむやというか、短歌も俳句も現に今もあるんだから、それが結論でしょう、って感じになっている。それは決してジャンルの勝利ではなく、精神の敗北に思える。

ところが、まさか、その問い直しが、二十一世紀の漫画で試みられるとは。しかも設定された問題というか、広げられた風呂敷は、遥《はる》かに大きくなっている。

或《ある》いは、近代と云《い》いつつ、作中の戦争へと向かう時代の空気感は、現在の日本のそれを映しているのかも知れない。この先、いったいどうなってゆくんだろう。着地点の想像がつかなくてどきどきする。

永遠との再会

×月×日

駅前のあゆみブックスから電話があった。「『フラワーズ』七月号、入荷しました」という連絡だ。「はい、取りに行きます」と応えて電話を切ったけど、そわそわして落ち着かない。

だって、その本には『ポーの一族』の続編が載っているのだ。少女漫画史に残る伝説の作品の、なんと四十年ぶりの最新作である。平静でいろ、という方が無理だろう。

これは四十年ぶりに初恋の人に会うようなもの。しかも、こちらは老眼のおじさんになったのに、相手は少年の姿のまま、永遠に年を取らないのだから。などと、一人で興奮する。

作者が萩尾望都でなければ、ちょっと待て、そんなに期待してはいけない、と自分に云《い》い聞かせたかもしれない。でも、この人は特別だ。

つい先日も「アフタヌーン」五月号に、岩明均の名作『寄生獣』に寄せた「ネオ寄生獣シリーズ」の一編として「由良の門を」が載っていた。

萩尾さんが寄生獣⁉　とびっくりしたけど、読んでみたら、とても良かった。真っ直ぐに『寄生獣』を受けた続編でありながら完全に萩尾望都の世界、という離れ業《わざ》を見せてくれたのだ。

×月×日

「フラワーズ」七月号（小学館）から、まず「萩尾望都×山岸凉子」という特別対談を読んだ。少女漫画の革命的な作家たち、いわゆる「24年組」に憧れて育った私にとっては女神対談だ。

二人とも口調はフレンドリーで、互いへの敬意と友情が溢《あふ》れる雰囲気でありながら、同時にばちばちと火花散るものがあって、読みながら緊張した。つまり、とてもいい対談だった。

×月×日

『ポーの一族』の最新作「春の夢」を読んだ。Vol.1のみということで、まだ全貌は見えないが、エドガーもアランも生きていた。

「エドガー、時計動いてないよ」

「ああアラン、それロンドンのゴミ捨て場で見つけたんだよ。修理に出したけど部品がないらしい。ノルウェーのだって。いいデザインだろ」

「へえ？　きみって壊れた時計が好きなんだ」

こんなシーンに、はっとする。永遠の時を生きるバンパネラ（吸血鬼）であるエドガーとアランにとって、時計の持つ意味が、我々とはまったく違っていることに気づかされる。

彼らにとって、時計とは物理的に時を知らせる機械に過ぎない。だが、我々にとっては、自らの命を刻むという意味で、それは単なる機械以上の何かなのだ。つまり、我々人間を基準にすれば、エドガーとアランの命の時計は初めから壊れていることになる。

そう思う時、「動いてない」「ゴミ捨て場で見つけたんだ」「修理に出したけど部品がないらしい」という言葉のひとつひとつが心に響いてくる。

「きみって壊れた時計が好きなんだ」と云われたエドガーは、次のように答える。

「音がしない分レコードが聞けるよ。シューベルトかけよう」

「…なんだっけ？」

「『春の夢』」

ああ、ここで漫画のタイトルが出るの、いいなあ。物語のダイナミズムと細部の繊細な詩情をあわせもつ、天才は健在なり。

我々の時間で四十年ほど前のこと。エドガーは妹のメリーベルに、こう呼びかけていた。

「おいで。雨が海にふってる。ちょっといいながめだよ」

「それだけのことなのにふしぎね……」

この短いやりとりに、少年の私は胸をうたれた。なぜ感動するのか、そのわけもわからずに。

同じシーンについて、私と同世代の歌人佐藤弓生は、次のように述べている。

水が海に「還る」のに対し、バンパネラは塵と「消える」。彼らは輪廻とか自然界の循環といった構造に参与できない。生まない存在が生をいとおしむ矛盾が、『ポーの一族』というフィクションの最大の見所ではなかったか。

（「20世紀私の一冊『ポーの一族』」「FANTAST」vol.33）

なるほどなあ、と思う。確かにそうだ。そして、こんな風に言語化できなくても、子供でも、永遠を生きるエドガーたちの悲しみを感じることはできたのだ。「春の夢」のVol.2は冬に出るらしい。

×月×日

『恋愛詩集』（小池昌代編著、NHK出版新書）を手に取った。恋愛についての詩を集めたアンソロジーである。

恋するひとは狂気のひとだ。彼らの目は中心を失い、虹色になって輝いている。うらやましいがおそろしい。それはもはや、尋常な状態ではないのだから。恋は事件でなく、事故なのだと思う。

（「恋のさまざま――はしがきにかえて」）

こんな言葉を読んで興味が湧いた。ひとつ引用してみたい。

初恋

吉原幸子

ふたりきりの教室に　遠いチンドン屋
黒板によりかかって　窓をみてゐた

女の子と　もうひとりの女の子
おなじ夢への　さびしい共犯

ひとりはいま　ちがふ夢の　窓をみてゐる
ひとりは　もうひとりのうしろ姿をみてゐる

ほほゑみだけは　ゆるせなかった
おとなになるなんて　つまらないこと

ひとりが　いたづらっ子に　キスを盗まれた
いたづらっ子は　そっぽをむいてわらった

いたづらっ子は　それから　いぢめっ子になった
けふは歯をむいて「キミ　ヤセタナ」といった

それでひとりは　黒板に書く
オコラナイノデスカ　ナクダケデスカ

ひとりはだまって　ほほゑみながら
二つの「カ」の字を　消してみせた

うすい昼に　チンドン屋のへたくそラッパ　急に高まる

痺《しび》れた。編者の小池昌代は「女の子は女の子にも恋をするのです」というコメントをつけている。

この恋には、二重の困難があると思う。ひとつは、「ふたり」がいつか「おとな」になってしまうこと。もうひとつは、それにともなって「いたづらっ子」のような異性が恋の対象に入ってくることだ。

「キミ　ヤセタナ」とは「おとな」になることへの不吉な予言であり、「二つの「カ」の字を　消してみせた」イコール「オコラナイノデス　ナクダケデス」という「ひとり」の返答は、「ふたり」で見ていたはずの「おなじ夢」に対する裏切りではないか。「キス」によって「いたづらっ子」は「いぢめっ子」になり、なのにそれを「ほほゑみながら」受け入れるなんて、「おとなになる」ってなんと酷いことなんだろう。

だからこそ「ほほゑみだけは　ゆるせなかった」という一行が光って見える。そう思った「もうひとり」は、やがて詩人になったのだろう。

「シュッとしてる」って？

×月×日

『翻訳できない世界のことば』（エラ・フランシス・サンダース／前田まゆみ訳、創元社）を読んだ。

書店の棚で見かけて、タイトルが気になったんだけど、「他の国のことばではそのニュアンスをうまく表現できない『翻訳できないことば』たち」を集めた本らしい。ぱらぱらと頁《ページ》をめくっていると、とても楽しい。

例えば、「PISAN ZAPRA（ピサンザプラ）」は、マレー語で「バナナを食べるときの所要時間」とのこと。確かに、日本語にはその概念がないなあ。生活におけるバナナの位置づけというか、身近さが違うからだろうか。

似た例で、フィンランド語には「PORONKUSEMA（ポロンクセマ）」という言葉があった。「トナカイが休憩なしで、疲れず移動できる距離」だって。「疲れず」ってところがなんだか面白い。疲れながら移動したら駄目なんだ。

ちなみに「バナナ」の方には「だいたい2分くらい」、「トナカイ」の方には「約7・5㎞」って説明があって、それによって客観的な把握ができるんだけど、一方で、何かがもやもやする。

「バナナ」や「トナカイ」のような人間の生活に結びついた時間や距離と比較した時、普段はなんとも思わない「2分」や「7・5㎞」の透明さが、逆に不思議なものに感じられてきたのだ。「分」とか「㎞」って、そもそもなんなんだろう。世界を作った神様の尺度ってことかな。

トゥル語の「KARELU（カレル）」の項には、「肌についた、締めつけるもののあと」という解説とともに、靴下とかタイツとかアクセサリーのイラストレーションが付されている。これは現象としては万国共通だろう。でも、専用の名詞があるんだ。

同様に、現象としては身に覚えがあるけど相当する言葉がない例としては、ハワイ語の「'AKIHI（アキヒ）」がある。「だれかに道を教えてもらい、歩き始めたとたん、教わったばかりの方向を忘れたとき、『'AKIHI になった』と言う」。うーん、ある。あれにもちゃんと名前があったとは。

他に気になったのはアラビア語の「YA'ABURNEE（ヤーアブルニー）」。解説によると「直訳すると『あなたが私を葬る』。その人なしでは生きられないから、その人の前で死んでしまいたい、という美しく暗い望み」。完全には把握しきれないけど惹《ひ》かれる。

そんな複雑で危うい感情が一語になってるなんて、アラビア語って凄《すご》い。

×月×日

『翻訳できない世界のことば』には、日本語からも幾つか採用されている。

例えば「KOMOREBI（コモレビ）」は「木々の葉のすきまから射す日の光」。外国語にもありそうだけどないのか。改めて見直すと、綺麗な言葉だ。

「BOKETTO（ボケット）」も載っていた。解説によると「なにも特別なことを考えず、ぼんやりと遠くを見ているときの気持ち」。へえ、と思う。ぼけっとするって「遠くを見ているときの気持ち」かなあ。どこかを眺めていても何も見ていない、ような気がするんだけど。などと、あれこれ考える。

そして、「WABI-SABI（ワビサビ）」。これはいかにも日本的で難しい概念だぞ、と思いながら解説を見たら、「生と死の自然のサイクルを受けいれ、不完全さの中にある美を見出すこと」と記されていて唸《うな》った。なるほど、そういうことだったのか、と逆に納得。

×月×日

『翻訳できない世界のことば』について考えていて、そういうのって外国語だけじゃないなあ、と思い当たる。

日本語の方言にも、厳密なニュアンスまでは「翻訳できないことば」がたくさんあるんじゃないか。

例えば、昔、関西出身の友だちが「あまえた」と「あまえんぼう」は違う、と主張していた。彼に云《い》わせると「あまえた」に相当する概念自体が関東には存在しないそうだ。そういえば、関西の人が使う「シュッとしてる」についても、微妙なニュアンスがよくわからない。

そこで先日、大阪に行った時に、いろいろ質問してみた。

「シュッとしてる」はどの程度ルックスに依存するか。太っていても性格や態度が「シュッとしてる」ことはありえるか。声や文章が「シュッとしてる」という使い方はあるか。「シュッとしてる」は女性に対しても使うか。「シュッとしてる」はモノに対しても使うか。

ところが、その回答が人によってけっこう違っていて、地元の人同士で論争になってしまった。ますます混乱。「シュッとしてる」って、なんなんだろう。わからないのに憧れる。

×月×日

北海道の大学に入学した春、私と同じように道外の高校から来た同級生が、「なまら」とか「したっけ」とか、覚えたての北海道弁を嬉々《きき》として使い出したことがあった。あれは、つまり、自分がそれまで育った地元を離れて未知の世界に来たことを、言葉を通して味わっていたんだと思う。

ちなみに、「なまら」は「とても」「非常に」のこと。「したっけ」は「そしたら」で、転じて「じゃあね」「さようなら」の意味になる。地元の子に「『したっけバイバイ』はちょっと変」などと指摘されながら、少しずつ使いこなせるようになっていった。

×月×日

『神様ゲーム』（麻耶雄嵩、講談社文庫）を読んだ。ミステリなのに、登場人物の中に全知全能の「神様」がいて、犯人を教えてくれる、という設定である。それで物語が成立するのか、と疑問に思うけど、実際に読むと、滅茶苦茶スリリングなのだ。

たちまち読み切って、すぐに続編の『さよなら神様』（文藝春秋）を買いに行った。こちらはさらに凄くて、各章の冒頭が「犯人は○○だよ」から始まっている。にも拘《かか》わらず、根本的な問題は解決しない。犯人の名前と動機とトリックが明かされるたびに深まる謎に、読者は混乱し、翻弄され続ける。

この面白さは、なんだろう。ミステリなどを批判する時の慣用句として「人間が描けていない」というものがあるが、それどころではない。「神様」が出て来ちゃうんだから。他の登場人物も、どこか人形めいている。

だが、「人間が描けていない」とか「人間が描けている」とかいうのは、実は情報をフィルタリングするためのキーの問題ではないか。全人間が共有するキーは「死すべき運命」であり、だからこそ、それを無条件で前提とする描写が「人間が描けている」と認識されやすいと思う。

逆に考えると、「人間が描けている」とされる作品には、「死すべき運命」そのものへの問いかけの意識が欠如しているんじゃないか。

ミステリの不思議さと面白さは、それが現実世界では最上位にある「死すべき運命」を巡るジャンルでありながら、より上位のルールが作中世界を統べていることだ。そのために、死に関わる人間の行動、例えば誰かが死んだ時の反応などが、おかしくなることが多い。普通はそんなことしないでしょう、の連続である。「死すべき運命」を前提とするリアリズムからは、どんどん外れてゆくのだ。

ゆえにどこか人形めいた印象が生まれる。作中で人がばたばた死んでゆくのに、不死の匂いが漂うこともある。そこに「死すべき運命」の設定者である神と見つめ合うようなときめきを感じる。この作者は、そのような構造に対して特に意識的だと思う。

極上の負け犬感

×月×日

自分にはファッションセンスがある。整理整頓がうまい。要領がいい。対人的なコミュニケーションが得意だ。お金持ちである。人生の勝者だ。そういうスタンスから書かれるジャンルの本がある。いわゆる自己啓発本である。

ファッションセンスがない人から着こなしを学ぼうとか、借金だらけの人に投資のコツをレクチャーしてもらおうとは、誰も思わないから当然といえば当然だ。

その逆のジャンルも存在する。例えば、短歌である。作者と同一視されがちな作中の〈私〉は、ほとんどの場合、自己啓発本の作者像を反転したような駄目な姿をしている。

実際には、お洒落《しやれ》でお金持ちの歌人だっているはずだが、そのような〈私〉が作中にそのまま現れることはまずない。順風満帆な人生の勝者は共感されにくいからだ。従って、短歌の本を読むことには、不器用で繊細な負け犬の呟《つぶや》きを楽しむ、という一面がある。

『羽虫群』（虫武一俊、書肆侃侃房）は、その意味での傑作だと思う。全篇に忘れがたい負け犬感が充《み》ちている。

現状を打破しなきゃって妹がおれにひきあわせる髭の人

「現状を打破しなきゃ」と親や姉にではなく「妹」に云《い》われている、「おれ」。しかも、そのために誰だかわからない「髭の人」にひきあわされてしまうのだ。どこかの社長とか心理カウンセラーとかだろうか。情けなく、かつ危うい。「髭」がポイントだろう。怪しい宗教の教祖とかでなければいいけど、と読者は心配になる。

三十歳職歴なしと告げたとき面接官のはるかな吐息

がんばって社会への一歩を踏み出そうとする。でも、いきなり壁に当たってしまう。「はるかな吐息」ってところがいい。社会の門番である「面接官」と〈私〉との距離が、「ひそかな苦笑」よりも「むかつく嘲笑」よりも、ずっと遠く感じられるから。

くだり坂ばっかりだったはずなのにのぼってきたみたいにくるしい

生々しい実感がある。これではとてものぼることなんてできない、と絶望しているのだろう。でも、そうとは限らないんじゃないか。「くだり坂」の方が苦しいってことがあると思うのだ。無理矢理にでものぼりだせば楽にはならないまでも苦しさの質が変わるかもしれないよ、と〈私〉に云いたくなる。

わからないことばっかりだ　ほとんどの眉毛を女子が抜いてくる朝

自分を取り巻く世界のシステムが理解できない。国家とか会社とか、そして女子の眉毛も、そのひとつとして、〈私〉を怖れさせるのだ。どうしてそんなことをするんだろう、と。

ラブホテルの隣に葬儀場ができ明るいほうがひとのいる場所

人間の営みを見るまなざしが印象的な歌。作中の〈私〉が、いわば社会的な透明人間だからこそ見える、そんな光景があるんじゃないか。
ぐんぐん読んでしまった。他人の駄目さを知るのは、どうして面白いんだろう。いや、いつもそうとは限らない。嫌な気持ちになることだってある、というか、その方が多い。

この本が面白いのは、作者が己をさらけ出しつつ、作品としては作り込んでいるからだ。

×月×日

『スリスリとパッパ』(二宮由紀子文／100%ORANGE絵、ブロンズ新社)という絵本を読んだ。「スリスリ」と「パッパ」とは、主人公のスリッパたちの名前である。彼らの視点を借りることによって、世界の見え方が変化するところに魅力を感じた。

まず、当然ながら視点が低い。描かれるのは、床に落ちたおもちゃ、カーテンの裾《すそ》、壁のコンセントなど。人間はほとんど足しか出てこない。

また、物理的な変化だけではなく、心理的にも世界像が変わる。「スリスリ」と「パッパ」が幽霊を怖がるシーンでは、こんな会話が交わされている。

「……だ……だって……ね、しってる？　ゆうれいって、みぎあしも　ひだりあしも　ないんだって……」
「そっ、そんな　はなし、するなよ！」

なるほど、と思う。人間だって幽霊は怖い。また、足がないことも有名だ。でも、ふたりの怖がり方は、それとは少し違っているのだ。幽霊に「みぎあしも　ひだりあしもない」ことは、スリッパにとってのアイデンティティを揺るがすような大問題なのだろう。

そして　ゆめは、ふたりで　となりの　まちの　レストランに　いくこと。

こんな一文にも、はっとさせられる。人間がスリッパを履くのは、室内にいる場合のみ。外出する時は靴に履き替える。つまり「となりの　まちの　レストランに　いく」ことは、一見ささやかに見えて、実は決して叶《かな》うことがない「ゆめ」なのだ。でも、ふたりはそのことを知らない。

×月×日

『今日を歩く』（いがらしみきお、小学館）という漫画を読んだ。この作者の本を見ると、手に取らずにはいられない。

優良なコンテンツというわけではない。むしろコンテンツになることに抗うというか、面白さという概念そのものを変えようとする意志を感じる。

ジャンルを問わず、ひとつの枠組みを前提として受け入れた表現は、内容が優良であればあるほど既存の価値観を強化するだけで、なんというか、面白いけど退屈ということがあるんじゃないか。

いがらしみきおの作品は、その逆だ。表現の前提となる世界の枠組みを問う姿勢が一貫していて、それこそが最高のエンタテインメントになり得ることを教えてくれる。『今日を歩く』もまた、日々の散歩を漫画化しただけのラディカルな作品である。主人公がただ歩いているだけだから、普通に考えれば退屈なんだけど面白いのだ。

例えば、散歩中に感じるさまざまな「ニオイ」について描かれた回がある。

いつも新聞を持って歩いてくる大きな人。この人とすれちがうと、ダンボールのようなニオイがする。しかも少し醬油をかけたようなダンボール。私はそれを試してみたことがある。全然別なニオイがした。

なんじゃ、それは、と思う。でも、どうでもいいことの中に、奇妙な緊迫感がある。日常の向こう側に死が透けて見えるような感触だ。「私はそれを試してみたことがある」のところで、ダンボールに醬油《しょうゆ》をかける作者自身の姿が描かれている。しかも後頭部のハゲまで。

今年の6月に母が亡くなった。私、嫁さん、娘、義母の4人でそのお葬式に向かう早朝、朝ごはん代わりにおにぎりを買うべくコンビニに寄った。その朝は天気もよくとてもいいニオイがした。「おお〜〜　朝はいいニオイがするだろ。」と娘に言うと、みんな一瞬動きが止まった。なんだかキウイのようなニオイがした。

詩に近い鮮烈さがある。その日が「お葬式」で、天気がよくて、家族全員が喪服だったからこそ、「キウイ」を感じたんじゃないか。

言葉と絵のズレ

×月×日

『すきになったら』（ヒグチユウコ、ブロンズ新社）という絵本を読んだ。表紙には、頭に花を飾った可愛《かわい》い女の子が描かれている。

すきになったら
しりたくなる
あなたの　すきなものを
すきになったり
あなたにとって
だいじなものを　りかいしたくなる
だって

いっしょにいたいから

こんな風に言葉だけを並べると、とても普通というか平凡に思える。だが、実際に、本を眺めている時の感覚はまったく違う。

何故《なぜ》なら、作中の「あなた」が巨大なワニだからである。それはごつごつとリアルな姿をしている。女の子を簡単に丸呑みできそうだ。そのことが、「あなた」が少年とかだったらなんの問題もないはずの世界に、独特の緊張感を与えている。云《い》い換えると、言葉と絵の間に一種のズレがあることが、読者である私の心を惹《ひ》きつけるわけだ。

すきになったら
わたしのことも
しってもらいたくなる
あなたに
よろこんでもらいたくなる

そう語りながら女の子は、バイオリンを弾いている。ワニは目を閉じて聴き入っている。これが少年だったらやはり面白くないだろう。ワニだからいい。

だが、そんな愛の絵本は、次の一文で閉じられる。

すきになったら
わたしの　いちぶは
あなたになる

うーん、と思う。この言葉からは、女の子がワニに食べられるイメージが浮かぶ。では、これは愛に対するアイロニーなのか。そうではないだろう。好きになる、ということの中に本質的に存在する怖さが、正確に表現されているのだ。

この絵本では、愛という大テーマの本質を捉えるために、言葉と絵の関係性にわざとズレが与えられている、だからこそ、両者が響き合って新しい世界が生まれる。音楽でいうところのハーモニーのようなものか。このズレがまったくなかったら、単なる挿絵になってしまう。言葉と絵が同じパートを表現したら、ハーモニーは生まれない。

×月×日

言葉と絵のズレが未知の世界を生み出した絵本の傑作として、『悪い本』（宮部みゆき作／吉田尚令絵／東雅夫編、岩崎書店）がある。『すきになったら』のテーマが愛なら、こちらは悪である。

はじめまして
わたしは　悪《わる》い本《ほん》です
この　よのなかの
悪《わる》いことを
この　よのなかで
いちばんよく　しっています
あなたは　いま
悪《わる》いことが　かいてある本《ほん》なんか
ほしくないと　おもったでしょう
でも、それは　まちがいです
いつか　あなたは　わたしが　ほしくなる
わたしと　なかよくなりたくなる

なんとも不穏な書き出しだが、「わたしは　悪い本です」と云いつつ、絵の中で少女に語りかけているのはテディベアだ。

いつか　どこかで

あなたは　だれかを　きらいになります
だれかが　いなくなればいいと　おもいます
あなたは　なにかを　きらいになります
なにかが　なくなればいいと　おもいます
かならず
そのとき　あなたは　もういちど
わたしの　ページを　めくるでしょう

予言めいた言葉のテンションが上がるにつれて、絵はどんどんズレてゆく。少女がテディベアのいる家を飛び出して、森の中に入ってゆく。危うい世界から目が離せなくなる。

いちばん　悪《わる》いことを　おぼえたら
あなたは　いちばん　悪《わる》くなる
いちばん　悪《わる》くなったなら
なんでも　できるようになる

ふと気づくと、森で転んだ少女の目の前に巨大な熊が立っている。無人の暗い家の中で、テディベアの目が光る。

あなたが　わたしを　わすれても
わたしは　あなたを　わすれない

この結びの一文が、愛の言葉に見えてくるのが怖ろしい。そして最高だ。

×月×日

阿佐ヶ谷の古書店で本を眺めている時、レジの後ろに飾られている写真が目に入った。どうやら稲垣足穂らしい。いいなあ、欲しいなあ。思い切って尋ねてみた。

「あの、後ろの写真は売ってるんですか」

「あ、非売品です」

残念。浴衣姿の、禿頭《はげあたま》の、犀《さい》みたいなおじいさんの写真、欲しかった。

その作品を読んでも、いまひとつ面白さがわからない。にも拘《かか》わらず、好きになりたいと思うタイプの作家がいる。私の場合、その代表格が稲垣足穂と久生十蘭なのだ。無理しなくても、自分が自然に好きと思える作家を読めばいい、と云われればその通り。

でも、何故《なぜ》か諦められない。

先日も『稲垣足穂　飛行機の黄昏《たそがれ》』（平凡社）を買った。

次の日、わたしはもういっぺん口に出しました。

「自動車の正面にある蜜蜂の巣はしゃれている」

友だちは相槌を打ちました。

「あそこには夢が棲んでいるね」


これが放熱器つまりラジエーターについての記述なんだから凄《すご》い。と思いつつ、やはり首を捻る。憧れの世界に入れないまま、周囲をぐるぐる回っている感じだ。

友人には足穂や十蘭のファンが何人もいる。彼らにその魅力を説明してくれるように頼む。でも、熱く語って貰《もら》えることは少ない。まあ、好みだからとか、さらっと云われてしまう。いや、どうしても好きになりたいんだ、と云って笑われる。この気持ち、なんなんだろう。本人の写真を部屋に飾ったら、その世界に入れるかと思ったんだけど。

×月×日

『作家の珈琲《コーヒー》』（平凡社　コロナ・ブックス）という本を衝動買い。カバーの写真に惹《ひ》かれたのだ。だって、松本清張がコーヒーカップを手に、にっこりしている。清張といえば苦虫だろう。にっこりにはインパクトがある。

他に登場しているのは、藤田嗣治、石井好子、安西水丸、永田耕衣、高倉健、植草甚一など。「作家の酒」よりも「作家の珈琲」に関心を持つのは、どうしてだろう。私自身がお酒を飲めないということだけが理由ではないように思う。

或《あ》る作家が珈琲に拘《こだわ》っていたという話も面白いのだが、逆にインスタントコーヒーを愛飲していたという話にも惹かれる。

同じ随筆で耕衣は、敬愛する詩人の吉岡実（一九一九〜九〇）が稀に発表する日記でコーヒーを好きだと知り、コーヒーに惚れることになったと告白している。

こんなエピソードを知って嬉《うれ》しくなる。そんな理由で、珈琲に「惚れる」なんて。でも、好きな人の好きなものを好きになりたい、という気持ちはよくわかる。

コーヒ店永遠に在り秋の雨　　耕衣

愛の現場

×月×日

『ロンド』（柄澤齊、創元推理文庫）を久しぶりに読み返した。初めての時は究極の絵画をめぐる連続殺人事件の物語に引き込まれて夢中で読んでしまったけど、今回は細部をゆっくりと味わうことができた。

例えば、珈琲《コーヒー》についての描写。

衛がどうしてこれほど旨いコーヒーの味を出せるのか不思議だった。限度を超えるまでにローストされた豆の苦みから、何世紀もの時間を経て空気中に解き放たれた神話時代の香油の、深い甘みが舌を包み込む。炭化と液化との、錬金術的な味覚の結合すら暗示させる官能のエッセンスが、手にしたカップの中に濃縮して湛えられているのだった。

ミステリーとしての本筋に、珈琲が大きく関わっているわけではない。にも拘《かか》わらず、異様なテンションがあって惹《ひ》かれる。「衛《い》」は天性の感受性を持ちながら、表現手段に恵まれなかった少年であり、そんな彼が淹れた珈琲だからこそ、ということだろうか。

こんな珈琲が飲んでみたい、と思う。でも、たぶん機会があっても、私にはその凄《すご》さを感じることができない気がする。日常的に何十年も飲み続けている珈琲の味の違いが、ぼんやりとしかわからないのだから。

自分には現実世界のポテンシャルつまり本当の凄さを味わう能力がない、というか、感受のレベルが低く抑えられているように思う。日常の全てにうっすらと膜がかかっていて、しかも、その状態をリアルと見なす癖がついている。単に鈍感というだけでなく、現実世界の側からの要請というか、そうしないと、生き続けてゆく上で都合が悪いのだろう。

だが、この物語では、見たものを魅了し時に破滅させる究極の絵画の実在という設定によって、語り手の意識から、この膜が取り払われている。超現実の一点から日常の現実が覆される。その結果、珈琲に限らず、音楽や恋愛などの全ての細部において、リアリティのレベルが変容している。一枚の絵が変えてしまった世界の隅々にまで、目の覚めるような感覚が充《み》ちていて、それを味わうのが愉《たの》しくてたまらない。

グールドの指先から滴る水滴は、ひとつひとつが幾何学的に完璧な形を描いて朝の大気に溶け込んでいく。音に和して見渡すかぎりの緑が沸きかえる。高い梢の上を翔ぶ点々は、タンノが言っていたタマムシだろうか。
　窓の外で灼けるような夏が始まっていた。

いいなあ。宝石のような「タマムシ」。こんな鮮烈な「夏」を感じてみたい。

×月×日

鈴木晴香の第一歌集『夜にあやまってくれ』（書肆侃侃房）が出た。詠《うた》われた愛の現場の生々しさに魅了された。

　自転車の後ろに乗ってこの街の右側だけを知っていた夏

　おそらくはスカート姿の〈私〉が「自転車の後ろ」にいつも横座りになっていた。だから「この街の右側だけを知っていた」のだ。漕《こ》いでいる〈あなた〉の姿も、〈私〉の気持ちも、どこにも書かれていないけど、確かに伝わってくる。その「夏」は瑞々《みずみず》しい喜びの季節であった。

君の手の甲にほくろがあるでしょうそれは私が飛び込んだ痕

一転して、こちらは不穏極まりない歌。内容はもちろん、文体そのものがやばさを感じさせる。「君の手の甲にほくろがあるでしょう」という問いかけで一拍置かれる。これが怖い。不安を覚えつつ、う、うん、あるけど……、と思っていると、「それは私が飛び込んだ痕」。ぎゃー。じゃあ、目の前の君はなんなの？

動き出す窓から見えるどうしようもなくどうしようもない君の顔

「どうしようもなくどうしようもない君の顔」がいい。具体的にどんな「顔」なのかわからないのに、覚えがあるような気がしてしまう。ふたりの愛の終わりが近づいている。そんな時の「顔」って確かにある、と思うのだ。

世界など放っておいてモモレンジャーを奪い合う最終回を見る

ユーモアの中に深い絶望がある。「最終回」にひとつの愛が成就したとしても、そのために友情と「世界」が壊れてしまうのだ。

×月×日

風邪で寝込んでしまった。「買い物に行くけど、何か欲しいものある？」と訊《き》かれて、熱っぽい頭で考えてみる。

「ポカリスエットの水色のやつと、『アイスの実』のぶどう味と、あと、松本清張の本、買ってきて」

「松本清張の、何がいいの？」

「何でもいい。たくさん買ってきて」

というわけで、『高台の家』『十万分の一の偶然』『天才画の女』『渡された場面』『潜在光景』『黒革の手帖』他を買ってきてもらった。

ところが、数日で読み切ってしまった。一日に三冊ペースである。もともと本を読むのが遅い上に熱もあるのに、と自分でもびっくり。改めて、松本清張の凄さを再認識した。基本的に外れがない上に、飛ばし読みしても大丈夫。登場人物は全員悪人で、主人公は最後は酷い目に遭う、と決まっているからだ。

おまけに、未読の作品でもなんとなく知っているような気がする。何度も映画化やドラマ化されているせいだろう。

今回、特に面白かったのは『黒革の手帖』だ。松本作品の主人公の運命は決まっている。だから、心の準備はできていたはずなのに、あまりの残酷さに驚いた。酷いとか惨いとかを突き抜けて、なんかもう爽やかな感じさえする。

×月×日

年上の友人と話をした。

「で、結局、風邪が治るまでに全部読んじゃったんですよ」

「松本清張、風邪に悪そうだけど」

「と思うでしょう？　でも、意外にいいんですよ」

「悪意ある凡人がいっぱい出てきて、熱が上がりそうだけどなあ」

でも、たぶん、そこがよかったのだ。性悪説で統一された世界に浸っていると心が落ち着く。登場人物たちが自らの欲望に従って動いているのを見るとほっとする。彼らの中に善悪が不安定に同居していたら、その生々しいランダム感に堪えられない。体調の悪い時に、そういうのは読みたくない。現実の感触を思い出すから。その意味では、松本清張の世界がリアルという意見には賛成できない。

×月×日

『堆塵館《たいじんかん》』（エドワード・ケアリー／古屋美登里訳、東京創元社）を読んだ。第1章のタイトルが「なんの変哲もない浴槽の栓」ってところから、惹きつけられる。なんなんだ、それ。でも、そこから始まる物語はとんでもない広がりと奥行きを持っていた。

この世の果てのどこかに、或《ある》いは、自分の日常のすぐ隣に、想像もできない暗黒の世界があって、見たこともない出来事が起こっている。本書はそんな空想への欲求を満足させてくれる。

悪夢めいた世界に隠された秘密。優しい男の子と勇気のある女の子。ボーイ・ミーツ・ガール。二人の冒険と彼らを閉じ込めていた運命の崩壊。好きな要素がぎっしり詰まっていて嬉《うれ》しい。三部作の第一部ということなので、早く続きが読みたい。

偶然の一致

×月×日

『鳥の見しもの』（吉川宏志、本阿弥書店）という歌集を読んだ。作者は誰もが見ているはずの光景の中に特別なものを見出す目と、それを正確に描き出す手を持っている。

窓のした緑に輝《て》るを拾いたりうちがわだけが死ぬコガネムシ

「うちがわだけが死ぬ」に驚く。「コガネムシ」の死骸は、私だって何度も見たことがある。でも、そんな風に意識したことはなかった。にも拘《かか》わらず、云《い》われてみれば、なるほどと思う。死んだ後も、メタリックな外観はまったく損なわれていないのだ。

手に置けば手を濡らしたり貝殻のなかに巻かれていた海の水

こちらは「巻かれていた海の水」がポイント。「貝殻のなか」に海水が入っていたことを、そう云い換えた瞬間、ひとつの詩が生まれた。

ぶどう食べ終えて小さな枝残る鳥が咥えてきたような枝

その「枝」なら、私もよく知っている。でも、そこに詩を見出すことはできなかった。「鳥が咥えてきたような枝」という発見が新しい世界を開いた。

黒ユリのような形でパーマ器が捨てられており海へゆく道

「石巻再訪」という連作の中の一首。その背景を知らずに、この歌だけを見ても、大きな喪失と崩壊の感覚が伝わってくる。

×月×日

『寒林』（髙柳克弘、ふらんす堂）という句集を読んだ。

雪の夜の心臓模型てらてらす

晴の朝よりも曇の昼よりも雨の夜よりも、「雪の夜」にこそ、「心臓模型」は「てらてら」しているという。同じモノなのに不思議だけど、その感覚はわかる。人間の意識と外界の結びつきの秘密が、ここにありそうだ。

ぼーつとしてゐる女がブーツ履く間

普通の靴じゃなくて「ブーツ」だから、時間がかかっているのだ。「ぼーつとしてゐる」の大幅な字余りが、内容にぴったり合っている。

手庇に指輪光れり冬あをぞら

「手庇」の「指輪」と遥《はる》かな「あをぞら」、その遠近感にくらくらさせられる。

姫の死の前に子は寝て暖炉の火

「子」に童話を読んだのか。岡井隆の初期の代表歌「眠られぬ母のためわが誦《よ》む童話母の寝入りし後王子死す」のジャンルを超えた本歌取りだろう。「母」と「子」、「王子」と「姫」が入れ換わっているところが面白い。

　コートのポケット缶珈琲が膝に当たる

おや、と思って、読み終えたばかりの『鳥の見しもの』を開いてみた。その中に「ポケットに入れたる鍵が梅雨の夜の腿にぺったり貼りついている」という歌を発見。ほぼ同時期の作品なので、どちらかの影響や本歌取りということでもなさそうだ。ひとつの感覚に向かって言葉を整理していった結果、たまたま近いところに着地したのだろう。

平凡な発想がどれも似てくるのは当然だが、優れた作家同士の間で、言葉が高次元の一致を見る時、こんな偶然があるのか、という驚きが生まれる。

ひとつの文章を思い出した。

　このたびの新しい歌集のために、私はかねてから「夏至の火」（一九七三年作三十首の題名）という集名を考えていたのであったが、この名は詩人、入沢康夫氏の第二詩集の書名の由を伝え聞き、礼儀としてこの美しい集名への執着を断った。ただこの全き偶然の、詩感の一致ともいうべきものにふかく心をとどめている。

葛原妙子の歌集『鷹の井戸《たかのゐど》』の末尾に置かれた「覚えがき」より。

初めて読んだ時、「この全き偶然の、詩感の一致」って格好いいなあ、と思って憧れた。しかも、入澤康夫と葛原妙子だもんなあ。

確か、高安国世と沢木耕太郎にも、ジャンルは全然ちがうけど『一瞬の夏』って同名の本があったはず。こちらもいいタイトルだ。

×月×日

『呪縛の家』（高木彬光、光文社文庫）を読んだ。この人の作品は『刺青殺人事件』とか『わが一高時代の犯罪』とか『人形はなぜ殺される』とかタイトルが魅力的でトリックも面白いんだけど文章が苦手、という印象を持っていた。でも、久しぶりに読んだら、気にならなかった。文体の古風さが逆に新鮮に見える。


わたくしにもふしぎに思ったことが一つ……家で飼っていた七匹の猫が、一匹残らず、とつぜんいなくなってしまったのです……

この悪魔の殺人交響楽を、未完成交響楽として終わらせたいという……それが僕

の一つの希望なんだ

と、まあ、こんな感じで、なんとも大袈裟《おおげさ》というか、おどろおどろしいというか、でも、そこが好きだ。

「その手に持った食いさしの柿の実が、人の血のりを丸めて球にしたように、私には思われてならなかった」とまで云われると、脅かし方が強引すぎて「え、柿が？」と驚いてしまうけど。

あと、「読者諸君、いまこそ挑戦の時はきたと思う」と始まる「読者諸君への挑戦」にも、ときめいた。このスタイル、懐かしい。

しかも、連載時に犯人当ての懸賞の試みがあった本作には、その後に「ふたたび読者諸君への挑戦」までついている。


諸君は謎が解けましたか。なに、わからないって。困りますね。そんなに勘が悪くちゃ。

それでは、ここで、最後のヒントを与えましょう。ここまで書いてわからないようじゃ、頭がどうかしています。


作品のおどろおどろしさとは裏腹に、作者が気さくにどんどん話しかけてきちゃうのだ。

「解説」によると、「雑誌掲載時には、〃金持ちどころか、山のような借金を背負って、ウンウンいっている、小生が自腹を切って、懸賞をするんですから、セイゼイ御名答をよせていただきたいものですな〃と、より挑発的な文言が並んでいた」とのこと。

でも、いくらヒントを貰《もら》っても、私にはぜんぜん謎は解けなかった。意外な結末の後に、もうひとつどんでん返しがあって、おーっと思った。「自分の力量で描きうるかぎりの極悪人」って、このことだったのか。

×月×日

作者が本の中から話しかけてくるって、そういえば、昔はよくあった。『ムーミン谷の冬』（トーベ・ヤンソン／山室静訳、講談社）の中の、栗鼠《りす》が死んでしまうシーンに、こんな註記があったことを思い出す。

（ここでみなさんが、かなしくてなきそうになったなら、大いそぎで199ページを見てごらんなさい。――作者より）

で、そのページに飛んでみると、栗鼠はちゃんと生きていることがわかるのだ。

細部の味

×月×日

『カルト村で生まれました。』（高田かや、文藝春秋）という漫画を見つけて手に取った。


高田かや、35歳。

生まれてから19歳になるまでカルトの村にいました。

あ、でも、世間一般にカルト扱いなだけで、実際のところは農業を基盤としたコミューン（生活共同体）でした。

なのでご想像のような…「教祖様!!」とか「怪しい礼拝!!」とか「拉致!!　監禁!!マインドコントロール!!」などはありませんでした。

でもやはり一般的でないことも多々ありまして。

「プロローグ」は、こんな風である。へえ、と思った。この種の「村」に対する外部からの批判本は目にしたことがあったけど、実際にそこ出身の人の本、しかもエッセイ漫画を読むのは初めてだ。

子供時代の「村」の生活が淡々と描かれているのだが、細部のエピソードがいちいち珍しくて一気に読んでしまった。

例えば、村の保育所でやっていたという、一個のあめをみんなで分ける方法。


「じゃあ今日は15秒ずつねー」

「いーちにーいさーん」

もんごりもんごり
「かむなよ」

「じゅうごーっ」

となりの子にあめをバトンタッチ。

「いーちにーいさーん」

自分の番が来たら必死でなめる。

まだあの大きさならもう1回私の所まで来るかな。

わくわく。

ケーキとかなら均等に切って分けるんだろうけど、それができない場合、時間で分ける＝順番になめる、という発想が面白かった。

ずいぶん昔の、しかも、どうでもいいような体験なのに、「15秒」とか「まだあの大きさならもう1回」とか臨場感が凄《すご》い。記憶の中の出来事を、作者はひとつひとつ丁寧かつ正直に描こうとしている感じがする。

×月×日

『カルト村で生まれました。』が良かったので、発売日を待って、続編の『さよなら、カルト村。』（高田かや、文藝春秋）を買いに行った。

が、探しても探しても見つからない。まだ出てないのか、と諦めて帰ろうとしたら、入り口付近に、どーんと積んであった。これってよくある。いつもと違う目立つ場所に置かれているために、逆に発見できない、というパターンだ。自分の持ち物でもやっちゃうことがある。大事だからとわかりやすい場所にキープして結局わからなくなるのだ。

とにかく、見つかって良かった、今晩の楽しみができた、とほくほくしながら帰る。

この本も、やはり細部の描写が面白かった。例えば、オクラにつく小さな芋虫の殺し方。

・踏みつける
・ハサミで真っ二つ
はNGらしい。「切っても再生しちゃうぞ！」とのこと。
・ハサミでVの字に切れ目を入れる
これが正解。再生しちゃう切り方と再生しない切り方があるんだなあ。世界のどんな細部にも造った者の意図が充《み》ちているのを感じる。

そういうリアルな事項の他に、「村」の特殊性が生み出す、心理の考察も興味深かった。

生まれた時からお金が近くにない生活をした結果、

「お金は滅多に触れないすごい物!!　お金様…」

通貨としてではなくお金自体に憧れを持つという変な成長をしてしまい、
修学旅行のお小遣いを渡された時思ったことは…

「全部使い切らずお金として残しておこう!!」

この倒錯感は、でも、わかるような気がする。お金は万能の御守り、というか。

×月×日

インターネットで「女子スポーツ双六」（田中比左良案・画）を購入した。「主婦之友」大正十四年一月号の附録である。九十年以上前のゲーム。たぶん、お正月号だから双六なんだろう。

「女子スポーツ双六」に描かれた種目は、「テニス」「ランニング」「水泳」「ヴアレーボール」「バスケットボール」「ハイジヤンプ」「ゴルフ」などである。

途中には「負傷」というコマもあって、脚に包帯を巻いた女性が読書をしている。なるほど。

ところが、さらにゲームを進めてゆくと、突然「結婚」というコマが出てきてびっくりする。それ、スポーツじゃないだろう。

「結婚」のコマでサイコロを振って、一の目が出たら「トロフイーを沢山携帯してのお輿入れだから上がり」、六の目が出たら「新世帯が忙しゆうてスポーツなんぞして居られないそうだからこのゲームだけ脱退」だって。なんだそれ。当然そうに書かれてるけど、わかりそうで微妙にわからない。当時はこれでぴんときたのだろうか。さすがは大正時代の「女子スポーツ双六」だ。

細部のもやもや感の根本にあるのは、世界像のズレなのだろう。「カルトの村」が、「大正14年の日本」が、我々が生きている今ここを照らし出す。

×月×日

『人魚』（染野太朗、角川書店）という歌集を読んだ。頁《ページ》を開くと、孤独と焦燥と無力を感じさせる独白世界が広がっていた。でも、というか、だからこそ楽しめた。他人の孤独感を味わうと、心が安らぐのは何故《なぜ》だろう。自分だけじゃないと思うのか、それとももっと別の理由があるのだろうか。

誰ひとりわれに触れざる夏にしてある朝は床に塩をこぼしぬ

「誰ひとりわれに触れざる夏」という捉え方に、どきっとする。そんな「われ」が「床に塩」をこぼしたことなど、もちろん誰にも知られないまま、「夏」の時間は過ぎてゆく。

一度だけ抜こうとしたが　教室の壁に錆びたる四つの画鋲

「一度だけ抜こうとしたが」の後の空白がいい。抜けなかったのだ。そして諦めた。遠い昔、「四つの画鋲」が、その壁に留めていた物はなんだったのだろう。

ひとり来て曲げれば秋の真ん中のぷぷぷぷと鳴る赤いストロー

「ぷぷぷぷ」？　と一瞬混乱してから、ああ、そうか、と思う。途中が蛇腹《じゃばら》になっていて折り曲げられるタイプの「ストロー」なのだ。

床に塩をこぼすこと、錆《さ》びた画鋲を壁から抜こうとすること、ストローの蛇腹を折り曲げること、いずれも日常の中のささやかな行為である。その手応えが、たったひとりで生きている「われ」の息遣いを感じさせる。

そんな「われ」が抱く他者への想いは、次のようなものだ。

つけ麺を君と食いたし君よりもちょっとだけ早く食い終わりたし

一緒に海外旅行に行きたいとか、結婚したいとか、そういう話ではない。ただ「つけ麺」を「君」と食いたい。そして、「君」よりも「ちょっとだけ早く」食い終わりたい、というのである。この望みの小ささ、しょうもなさが何故か胸に迫る。ひとりの世界には「ちょっとだけ早く」も遅くもない。他者との関わりが生み出すズレというものがないのだ。

最悪のゴミの山

×月×日

『ヤギより上、猿より下』（平山夢明、文藝春秋）を読んだ。当然のように面白かった。世の中には、愛や正義を本気で心の底から信じている、或《あ》るいは信じようとするタイプの作家がいる。例えば、楳図かずお、筒井康隆、塚本邦雄、葛原妙子、高橋睦郎、福本伸行、……、そのジャンルや度合いは違ってもいずれも深いところにこの性質を秘めていると思う。彼らの特徴は、愛や正義の希求の過剰さによって作風がダークになること、そして、作品に外れがないことだ。

平山夢明は、この系譜の作家の中でも純度が高く、つまり作品世界は激しくダークである。

あたいはお父ちゃんからニコニコしてなと云われたので、ずっと笑ってました。

『あんた、名前は?』『まーがれっと』『はあ? ほんとかい? あんた、そんな名前をこの豚の尻に付けたの?』『付けたのは死んだこいつのおふくろさ。昔、好きだった少女雑誌の名前らしいぜ』『うちじゃ、そんな名前は許さないよ』『あんたのもんだ、勝手にしな』『好きなものはなんだい』『おかず』『あ?』『ご飯じゃなくて、おかず』『それでいいよ。あんたの名は今日からおかずだ』

姐さん達の得意技ですがピンサロナンバーワンだった〈つめしぼ〉さんは男の人の魔羅《ポテチン》を信じられないぐらいの力で折り畳みながら玉を高速回転させる〈睾丸チューニング〉、訛《なま》りまくってる〈せんべい汁〉さんはその餅肌で窒息させる〈天城越え〉、東大出の〈あふりか〉さんは前立腺とオシッコの出るところを同時に高速振動させた爪で薄く引き千切《ちぎ》る〈マラカイボの灯台〉。でもこの技は昔、お客さんが廃人になったというので、オバチャンからは禁じ手にされていて、いまは〈海綿ムニエル〉が主だと云うことです。

（いずれも表題作より）

なんだろう、この感じ。一周回った詩みたいに見える。最悪のゴミの山を異常な力で圧縮しきると一粒のダイヤモンドになる。そんな幻想を成立させているんじゃないか。「力」の源にあるのは愛と正義の希求の絶対性だと思う。ときめくなあ。

×月×日

『吉野朔実は本が大好き』（吉野朔実、本の雑誌社）をやっと読んだ。今日まで読めなかったのは、二〇一六年の四月に友人である著者が急逝してしまったからだ。いや、時系列は逆で、彼女が亡くなったからその年の七月に「吉野朔実劇場」全八冊を再構成してまとめた本書が出版されたんだけど。とにかく手が出なかったのだ。

このシリーズは、本に纏《まつ》わる日常を描いたエッセイ漫画として、「本の雑誌」に連載されていたものだ。ちなみに元の書名は『お父さんは時代小説《チャンバラ》が大好き』『お母さんは「赤毛のアン」が大好き』『弟の家には本棚がない』『犬は本よりも電信柱が好き』『本を読む兄、読まぬ兄』『神様は本を読まない』『悪魔が本とやってくる』『天使は本棚に住んでいる』となっている。

それぞれに凝ったタイトルの八冊をまとめた本書が『吉野朔実は本が大好き』というところに、その真っ直ぐさに、胸を衝かれる。これしかないと思える題名。吉野さんは本が好きだった。

「うんこが出て来ても美しいとは恐るべし『第七官界彷徨』」

「でもね今はさほどではないけど昔の中国では要人の誕生日は機密事項だったらしいよ　敵に知られると占われてしまうからね」

「今度　文庫本のカヴァーを何点かリニューアルすることになりまして　そのうちの二点をお願いしたいのですが」

「いいですよ　モノは何ですか？」

「『赤毛のアン』と『少女パレアナ』です」

「!!」

「よろしくお願いします」

「赤毛のアン」と…「少女パレアナ」…？

どっちも11歳の女の子

どっちも孤児

どっちもおさげ

どっちもそばかす!!

「どーやって描き分けるんだ？

…これは

これはまさかの

カレーライスとハヤシライスの描き分け!?」

（いずれも同書より）

くすっと笑えるようなエピソードとともに、さまざまな切り口で本のことが語られている。私が読んでみたくなったのは、『迷へる魂』（尾崎翠、筑摩書房）、『人魚とビスケット』（J・M・スコット、創元推理文庫）、『鉄塔 武蔵野線』（銀林みのる、SB文庫）、『ピダハン』（ダニエル・L・エヴェレット、みすず書房）他である。

この本に出てくるわけじゃないけど、吉野さんの短歌を一首、最後に書き留めておきたい。

芽きゃべつも靄でしっとり緑色おやすみなさいいつも寂しい　吉野朔実

×月×日

那覇に行った。桜坂劇場内の本棚に『スキャンダル通信』『スキャンダル倶楽部』（いしかわじゅん、講談社）を発見して、おっと思う。この漫画、好きだったなあ。奥付を見ると昭和五十七年と昭和五十八年。もう三十五年も経《た》ったのか。

どうして旅先でわざわざ本が買いたくなるんだろう。荷物になる。しかも、これ、実家にあるよ。と思いつつ、レジに運んでしまった。でも、正解だった。帰りの飛行機の出発が二時間以上遅れたのだ。東京までの間に、ゆっくり頁《ページ》をめくって楽しむことができた。


「阿佐田…模範生のキミまでなんだ！」

「先生…あたしが模範的なのはそれがあたしの趣味だからで先生の趣味に合わせてるんじゃありませんわ」

「こめ蔵《ゾー》んでもいくか？」

「いや…家で読書の秋でもやるよ」

「ミィちゃんが恐いんだろ」

「ギク」

「かなり熱くなってるぜミィちゃん　ホドホドにしろよ」

「誰かが不幸になるとしたらそれは本人の趣味ですよ」

（いずれも『スキャンダル通信』より）


うう、恥ずかしい。でも、いい。八〇年代の青春だ。

×月×日

那覇で買った二冊を読んだら、『吉祥寺キャットウォーク』（エンターブレイン）を引っ張り出さずにはいられなくなった。だって、同じ作者が同じ吉祥寺を舞台に描いた同じ青春群像劇なのだ。

ただし、両者の間には三十年以上の時間が流れている。そのことからくる違いを確かめたかったんだけど意外なほど世界が近い。登場人物の幅は広がっても抒情《じょじょう》の質や瑞々《みずみず》しさは変わっていない。

その中で、はっきりと時間の経過を感じさせるのは吉祥寺という町そのもの、特に喫茶店やカフェなどの変化である。隣町の住人である私は、いちいち、あ、懐かしいとか、この頃からあったのかとか、ここ、もうないなあ、などと思いながら読んでいったのだが、そのうちに我慢できなくなってお店の出てくる頁だけに付箋《ふせん》を貼《は》り始めた。もう読書とは云《い》えないかもしれない。でも、それらをまとめてぱらぱらと眺める時、センチメンタルな幸福感に包まれた。

そういえば、同じく吉祥寺を舞台にした小説『ショートソング』（枡野浩一、集英社文庫）にもカフェがたくさん出てくるんだけど、それらを一覧できるマップを刊行記念イベントだったかの時に貰《もら》ったことがある。読者の欲望をわかってるなあ、と思った。

こちら側とあちら側

×月×日

『動物たち』（panpanya、白泉社）という漫画を読んだ。

ぺりぺり…
めしゃ…
あっ⁉
あーあ…
「なんだ半分くらいになっちゃったな…」

こんな描写に驚く。ゆで卵を剝《む》こうとしたら、殻《から》に白身がぶ厚くくっついてしまって「半分くらいになっちゃった」というのだ。確かに、そういうことはある。でも、まさか漫画に描かれるとは思わなかった。だって、あまりにも日常的で普通すぎるじゃないか。ところが、作者は敢えてそこを攻めてくる。過剰なリアリズムとでもいうべきスタイルだ。

「あまりにも日常的で普通すぎる」ものたちは、他にも出てくる。例えば、「食パンの袋を留める四角っぽいプラスチック」とか「路面に埋め込まれた量水器の蓋《ふた》」とか『いらっしゃいませ』と書かれた定食屋のマット」とか。そのたびにじっと見つめてしまう。これなあ、あるんだよなあ。

昔、吉田戦車の漫画に「定礎」が出てきた時の衝撃を思い出した。ビルなどの壁面に日付と共に刻まれている「定礎」。現実には確かに存在していて、よく目にするけど、気に留めたこともなかった。それが突然、漫画の中に現れた時の、目も覚めるような感覚。あれはリアルの線引きが更新されてしまった驚きだった。

×月×日

『動物たち』には、前述のものたち以外にも、不思議な存在が登場する。「逃げ出した亀」とか「屋根の上に落ちてしまった鯉《こい》のぼり」とか「風力発電所の巨大な風車が目の前にあるアパート」とか。

これらもまた現実にあり得る事物にはちがいない。でも、「食パンの袋を留める四角っぽいプラスチック」などとは、どこか感触が違っている。リアリズムの上に、詩的なデフォルメがかかっているような印象だ。その結果、現実そのものというよりも、夢の中の景色を見るような生々しさが強まっている。

現実よりも夢の方が生々しいというか、逆にリアルに感じられることはよくある。無数の情報の中から、何を通過させて何を通過させないか。そのフィルタリングを司《つかさど》る機能が覚醒時に較べて緩《ゆる》んでいるからだろう。本書の中では、それと似たことが試みられているようだ。そのため、作中の風景や事物が、懐かしさや狂おしさの尾を曳《ひ》いている。

×月×日

『怪談生活』（高原英理、立東舎）を読んだ。江戸時代から現代までの怪談・奇談を集めた本である。

ある日外出して帰る頃になると、どうも片足の裏が濡れたように感じられてならない。汗かと思うが片方だけ汗をかくのも奇妙である。

帰宅して靴を脱ぐと、濡れて感じられた方の靴下が真っ赤である。靴下を脱ぐと足の裏の親指に近い所に鋭利な刃物で切られたような傷があってひどく出血していた。しかし靴下にはどこにも切られた跡がない。つまり靴と靴下が無傷で、中の足裏だけが切れていた。痛みはなかった。

　その後も頻繁にこんなことが三か月ほど続いたのだが、あるとき、「これでは絨毯が汚れて困るな」と強く考えたときがあり、その次の日から足の裏を切られることはなくなった。

「でも足のどこかを切られて血が出ていた日はなんだか体がすっきりしました」

　と、ひとみは言った。


　なんとも云《い》えない変さが面白い。出来事そのものもさることながら、「ひとみ」の反応がさらに奇妙ではないか。「これでは絨毯が汚れて困るな」って……、それよりも靴下と靴の方がもっと汚れてるだろう。いや、そういうことでもないんだけど。とにかく、いろいろ突っ込みどころがある。

　にも拘《かか》わらず、困ると強く思ったら次の日から足の裏を切られなくなったとか、「足のどこかを切られて血が出ていた日はなんだか体がすっきりしました」とか、意外性の中に妙な納得感がある。

　我々が生きているこちら側とはまた別に、あちら側にはあちら側の都合というか仕組みらしきものがあることが、うっすら感じられるからだ。非合理な辻褄《つじつま》の中に、こちら側とあちら側というふたつの世界が確かに交わったことの残り香がある。怪談の醍醐味《だいごみ》ってそういうところなんじゃないか。著者の言葉を借りれば「別の世とすれすれを思わせる場面というのがとりわけ気になるのだ」ということになる。

それに対して、完全にスピリチュアルな世界観というものにあまり惹《ひ》かれないのは、あちら側が自明の世界のように捉えられ、それによってふたつの世界が地続きになっている印象を受けるからだ。霊的には全てが必然という意識は、全ては合理的に必然というスタンスに通じるんじゃないか。

×月×日

『モダンガールのス、メ』（淺井カヨ、原書房）を読んだ。著者は大正から昭和初期にかけてのモダンガールに憧れるあまり、ファッションから生活まで当時のスタイルを実践していているらしい。こんなエピソードが記されていた。

或る日、滅多に人を泊めないといふ古い旅館へ電話をしたら、宿泊前にどんな人が泊まるのかを知りたいので、一度顔を出して欲しいと言はれたことがあります。
（「旅館へ行きませう」）

ええっ？　と思う。旧仮名遣いで書かれているけど現代の話である。こちらは怪談でもなんでもないはずなのに、なんとなくそんな匂いもある。続きはこうだ。

普通にはあり得ない話ですが、近場だつたことや好奇心もあつて、その旅館へ、面接を受けるやうな心持ちで話を聞きに行くことにしました。お婆さんが一人で切り盛りする旅館でした。そして面接に合格したのか、宿泊の許可が出て次に出掛けた時には無事に一泊出來ました。

うーん。こちら側の論理では「普通にはあり得ない話」、でも、あちら側の、つまり「お婆さん」の心の中では自然なことなんだろう。

「近場だつたことや好奇心もあつて」という、両者のギャップに対する態度の柔軟さが、ふたつの世界の出会いを成立させたのだ。とはいえ、もしも「面接」に不合格だったら、と想像するとやはり怖くなる。「あのー、私はどこが不合格でしたか」と尋ねて答を面白がれるくらいのタフさがあればいいんだろうけど。

引用からもわかるように本書は旧字旧仮名遣い。しかも、奥付の日付は「二〇一六（大正一〇五）年三月一日」という徹底ぶりだ。モダンガールとその時代への憧れが、異文化への感受性を磨く契機になっているのだ。

氣になる異性を町で見掛けることは、誰にでもあることだと思ひます。わたくしが氣になる異性の装ひは、腰位置が高く折り目がはつきりと附いた太いズボンを穿き、手入れされた靴に中折帽、刈り上げ頭などです。(略)そして、恰好良いと思ふ異性を見附けるとその相手は、大抵お爺さんです。(略)好きな方を尋ねられたら、「お爺さん」と答へます。

(「モダンボーイを見附ける」)

全部本当のことを書いてるのがわかる。面白い。

最高のエンターテインメント

×月×日

『透明の棋士』（北野新太、ミシマ社）を読んだ。将棋と棋士についての文章を集めた本だが、独特の緊迫感がある。幾つかの文章から、冒頭の一行を抜き出してみよう。

将棋盤の向こう側で彼は泣いていた。

控室の襖《ふすま》を開けると、部屋の中にいたすべての人が無言だった。

勝負は決した。

「いちばん強い人ですからね」

いずれも簡潔で魅力的。続きが読みたくなる。緊迫感の理由は、観戦記を始めとする将棋についての文章は、必ずブラックボックスを抱え込んでいるからだと思う。ブラックボックスとは、実際に将棋盤の上で起こった出来事のことだ。全ての中心でありながら、そこで何が起こったのかを本当の意味で理解できるのは専門棋士だけという難しさがある。

自分には手の届かない場所とそこに命を懸ける棋士について何かを述べようとする時、書き手は緊張を強いられる。そして、将棋盤の周囲の空気感に限りなく敏感にならざるを得ないと思う。その姿勢が言葉を研ぎ澄ますことに繫《つな》がっているんじゃないか。

「最終手は覚悟の要る一手でした。美しい棋譜を残す、という意味では詰ましたほうがいいとはもちろんわかっていました。（略）でも、棋聖戦で勝ちの将棋を逃していましたし、簡単には投げてくれないともわかっていました。だから、絶対に間違えられないと思いました。万が一にも、億が一にもあってはならないと。（略）」

私は「億が一にも」なる用語を生涯で初めて耳にした。確かに言葉の通りだと思った。

このような描写からは、盤上の「一手」に込められた思いが伝わってくる。「億が一にも」という奇妙な言葉をスルーせず、正確に写し取ったところに書き手のセンサーの鋭さが表れていると思う。

×月×日

それが傑作か凡作かに関わりなく、自分にとってはどの作品を読んでもいつも面白い、という作家がいる。波長が合うというのか、猫にマタタビというのか、本を開くとたちまち引き込まれる。例えば、昔の人では江戸川乱歩、現存の書き手では竹本健治がそうだ。

『かくも水深き不在』（新潮文庫）も素晴らしかった。

やっぱり不思議な部屋がいくつもあった。比喩《ひゆ》が成り立たない部屋。葉緑素と新学説に充《み》たされた部屋。栴檀《せんだん》の葉が真っ赤なぺてんを乱反射させている部屋。クレドが廃座をむするぎに創鋼させている部屋。そして僕らは汗みどろになりながら、ようやく物置みたいな部屋で階段を見つけた。

これらの、「部屋」の描写の過剰さは、いわゆる散文の範囲を超えていると思う。物語の本筋とは関係の無いところで敢えて世界を踏み外しているのだ。散文から韻文へ、日常から狂気へ、昼から夜へ、隙あらば逸脱しようとする波動に充《み》ちている。けれども、その世界が完全に破壊されることはない。ぎりぎりのところで踏み留まっている。引用の「部屋」たちの場合も、詩的な異様さが徐々に強まってゆき、日本語が解体される寸前で、「物置みたいな部屋」という日常に戻ってくる。このように世界が揺らぎ続ける感覚そのものが、私のような読者にとっては最高のエンターテインメントなのだ。

その感覚は細部の描写から物語の枠組みにまで広がっている。本書も息を呑むような展開の連続。だが、読者を驚かすためのどんでん返しとは明らかに感触が違っている。作中の表現を借りるならば「僕らの住んでいる世界のすぐ横に寄りそいながら、普段は決して姿を見せることのないもうひとつ別の世界」への憧れが動機になっているのだ。

何の気なく過ごしていた僕の平々凡々な日常に、突然あんなふうに罅《ひび》がはいるとは思ってもみなかった。

この「罅」こそが作者と読者である私が共有する望みである。作中の「僕」の場合は、テレビのCMに映った赤い花に強い恐怖を感じたことに始まる。しかも、思い当たる理由がない。そこで「僕」はCMの制作会社に問い合わせて、その風景がどこの場所なのか突き止めようとする。物語が動き出して、あれよあれよという間に「罅」が広がってゆく。日常がまったく別の表情を見せ始める。頁《ページ》をめくる手が止まらない。
ちなみに問い合わせの理由を相手に訊《き》かれた時の「僕」の答えはこうだ。

「ええ。実は、私、植物の研究をしておりまして、映像ではあの花は珍しい亜種のように見えたものですから　どこに生えているのか、実地に確認したいと思いまして」

　あらかじめ考えてあった言い訳だが、けっこう説得力はあるのではないだろうか？

　いやいやいや、と思う。逆に怪しいでしょう。でも、その過剰さこそが竹本健治だ。「珍しい亜種」という言葉から、若き日の作者を見出した中井英夫の青い薔薇への執心を連想する。

戦前の赤の時代・戦後の黄の時代に続いて二十年前に青の時代は扉を開こうとしつ
いにそれは開かなかった
胎児のまま眠りつづける青
その安らぎは乱してはならないものだった。薔薇作りが憧れ夢み空しいその手をさ
しのべてついに届かぬ青

それは薔薇の宿命だろうか

（中井英夫『薔薇幻視』平凡社カラー新書）

「珍しい亜種」とは、そして幻の青い薔薇とは、「もうひとつ別の世界」の象徴なのだろう。

読み終えた本を閉じて辺りを見回すと、目の前には見慣れた風景がある。けれども、そこは元いた世界ではない。何かが決定的に変わっているのだ。

×月×日

『風のアンダースタディ』（鈴木美紀子、書肆侃侃房）という歌集を読んだ。「アンダースタディ」とは代役のことらしい。タイトルからも窺《うかが》えるように、ここにも「もうひとつ別の世界」への思いというか、世界の反転を夢見る感受性があった。

どちらかが間違っている。夕闇の反対車線、あんなに空いてる

「反対車線」が空いていることは現実の理屈で説明できるだろう。それがわかっていながら、〈私〉の心は「どちらかが間違っている」という過剰な思いに囚《とら》われている。

笑いながら「これ、ほんもの?」と指で押すサンプルだって信じてたから

昭和の頃なら「ほんものだって信じてた」というのが決まり文句だった。でも、今はその逆。「サンプルだって信じてた」という言葉が、反転した世界に生きる我々の姿を象徴している。

容疑者にかぶされているブルゾンの色違いならたぶん、持ってる

あの「ブルゾン」は誰のものなのだろう。「色違い」に驚く。世界の釦《ボタン》をひとつ掛け違っただけで、誰かと〈私〉の運命は入れ替わるのだ。他者と〈私〉の入れ替わり感覚は、次のような歌にも反映している。

前髪の分け目をひだりに変えました今度はあなたがひざまずく番

幾たびもあなたの頬を拭ってた泣いているのはわたしなのにね

初出一覧

Ⅰ 「週刊現代」に「リレー読書日記」として連載

昭和の漫画を読みふける　二〇一〇年九月二五日
「他人の目」を借りる　二〇一〇年一〇月二三日
天才ピアニストの悪魔的魅力　二〇一〇年一一月二〇日
私たちが成熟できない理由　二〇一〇年一二月一八日
将棋の世界の真剣勝負　二〇一一年一月二九日
食欲を激しくくすぐる本　二〇一一年二月二六日
超・現実的な提案をする本　二〇一一年三月二六日
もうひとつの世界　二〇一一年四月二三日
自由なはみ出し者に出会う　二〇一一年五月二八日
きらきらした世界から無限に遠い青春　二〇一一年六月二五日
昭和の強烈な濃度を懐かしむ　二〇一一年七月三〇日
ぽろっと零れた肉声の面白さ　二〇一一年九月三日

Ⅱ 「週刊文春」に「私の読書日記」として連載

鳥のしおり　二〇一三年一〇月一七日
千切り飛びはルフィニ終末　二〇一三年一一月二一日

失踪、或いはリアリティの最深部への旅	二〇一四年一月一六日
夢のリアリティ	二〇一四年二月二〇日
ミステリーと詩は双子なんじゃないか	二〇一四年三月二七日
他人が見ている世界	二〇一四年五月一日
世界を反転させる言葉	二〇一四年六月一九日
桜と恋と蟲	二〇一四年七月二四日
きっとあの人は眠っているんだよ	二〇一四年九月一一日
エアコンのリモコンは、この部屋の時計でもある。	二〇一四年一〇月一六日
コスモスの化身	二〇一四年一一月二〇日
本のおかず	二〇一五年一月一五日
浄め塩を捨てる人	二〇一五年二月一九日
猫の眼の時間	二〇一五年三月二六日
「私達は自由よ」	二〇一五年四月三〇日
この世の味	二〇一五年六月一八日
昭和の磁力	二〇一五年七月二三日
理想と現実	二〇一五年九月一〇日
微差のユートピア	二〇一五年一〇月一五日
乱歩を摂取したくなる	二〇一五年一一月一九日
「ダーク」の教え	二〇一六年一月一四日
面白さの幅	二〇一六年二月一八日
眩しい歌	二〇一六年三月二四日
詩の意味	二〇一六年四月二八日

永遠との再会　二〇一六年六月一六日
「シュッとしてる」って?　二〇一六年七月二一日
極上の負け犬感　二〇一六年九月八日
言葉と絵のズレ　二〇一六年一〇月一三日
愛の現場　二〇一六年一一月一七日
偶然の一致　二〇一六年一二月二二日
細部の味　二〇一七年二月一六日
最悪のゴミの山　二〇一七年三月二三日
こちら側とあちら側　二〇一七年四月二七日
最高のエンターテインメント　二〇一七年六月一五日

＊本書収録にあたり、見出しは一部変更しています。
＊漫画の台詞を引用する際は一部、句読点を補いました。

あとがき

穂村　弘

私の人生においてもっとも重要なアイテムは本ということになるのだろう。歌人だし、文学部だったし、友だちの多くはもの書きや編集者やブックデザイナーだし、妻は司書だったし、今住んでいる町に引っ越してきたのは夜中までやっている古本屋が多かったからだし、持病の偏頭痛と強度近視と緑内障もたぶん目の酷使と関係があると思う。

もしも、本というものの存在しないパラレルワールドに瞬間移動したら、と想像すると不思議な気持ちになる。仕事も友だちも妻も持病も煙のように消え去ってしまうのか。そこでの〈私〉は、まったくの別人だ。人によっては、本のない世界に移動してもほとんど人生が変わらないってケースもあるだろうに。パラレルワールドの〈私〉は日々の暮らしの中で、ふと思う。この世界には何かが足りない。時には狂おしいほど強く、そう思う。でも、その何かが何なのかは決してわからないのだ。

私は本のある世界に生まれたことに感謝すべきなのか。きっと、そうなんだろう。でも、始めからずっとここにいるから実感がない。そして、今日も当たり前のような顔で本を読んでいる。

本書の編集は須川善行さんと伊藤靖さんにお願いしました。タイトルの「きっとあの人は眠っているんだよ」は、文中に引用した『新車の中の女』（セバスチアン・ジャプリゾ）の一節から須川さんがつけてくれました。どうもありがとうございました。

二〇一七年十月二十七日

追記

文庫化にあたって高原英理さんに素晴らしい解説をいただきました。ありがとうございました。また本についてのお喋《しゃべ》りができる日を楽しみにしています。

二〇二一年三月三十日

解説　詩の探偵

高原英理

穂村弘さんとは長いつきあいだが、これまで話していて退屈とか時間を無駄にしたとか思ったことが一度もない。何がそう感じさせるか、一言で言えば停滞感のなさである。

話しているともう牢獄にいるような気のする人がたまにいて、だいたい前例とか伝統とか序列とかを過大に考えていることがひしひしと伝わり、聞いている自分も身動き取れない心地になる。そういう理不尽な不自由感が穂村さんにはない。彼自身が世界の停滞を拒否しているからだ。

え？　穂村さん、だいたいいつもおんなじ話するよね、結論同じだよね、とか、後ろ向きじゃないの、とか、よく知っている人は言うかもしれないが、たとえ話題も結論も同じであっても、それは停滞感の有無とは別なのである。仮に後ろ向きでも、ずっと後ろを向き続けることを全身全霊で求めている人に停滞感はない。いや、穂村さんはそういうのでもないいんだが。

では穂村さんは何を求めているのか。分かりやすく言うならそれは文学による世界の刷新である。これまでとは違う、何か新しい、見たことのないもの、思いもよらなかった何かを言語表現によって現出すること、それによって世界の停滞を防ぐことだ。

停滞してしまった世界とはおそらく彼にとって死の世界である。そして世界の死を防ぎ、生かす、彼の方法が詩なのだ。詩とは言うが小説漫画絵画音楽あるいは日常的経験にも、いずれにも詩は含まれる。詩的なものを求め、また自ら実践するのが穂村弘である。その彼にとって最も効率の良い詩の実現方法が短歌だった。彼は短歌による世界の新生を夢みている。だがどうやって？　何によって？　そこで彼が求めるのは驚異である。

穂村さんは主に詩歌《しいか》について、共感を与える作品が人気を得、驚異を感じさせる作品がそれほどは注目されないことを残念であるとよく言う。その共感喚起の元を辿《たど》ってゆくと世間の目とか既に決まった受け取り方とかに行き着く。それらは停滞感のある人たちがいつも依拠《いきよ》するものだった。

共感のために書かれた短歌あるいは詩、小説はいずれも、現実から、捉えがたい、時に不条理な不安定さを取り去り、「そうだろう、そうだろう」と言わせる要素だけを漉《こ》しとって差し出す規格品と穂村さんには見えている。規格品だから本質的な異変は見えてこないし、生活上での慣れや安心を害することはない。「人間が描けている」とされるリアリズムの作品がその典型ということになるだろう。読んだ皆が「あるある」と言い合い「結局、人生は人の心は、やはり誰もが同じなのだなあ」と納得する、そういう文学作品は多く、また人気を得て存在するし、決して価値のないものではないが、しかし、穂村的にはやはり「本当」ではない。穂村さんにとって本当の文学作品とは、無理とわかっても一回限りの、この世界を賦活《ふかつ》させる驚異でなければならない。

しかし、どうもそういう規格品でない作品というのは、テンションの高さの分、作者をも蝕《むしば》むもののようにも穂村さんには捉えられている。日本語では奇《く》しくもシという発音が死と詩をどちらも表してしまうように、彼の望む真の詩は死と引き換えの何かなので、だから世界を刷新し再生させるが、だから気を抜けないのである。ある詩人は世界の賦活のために自分が死んでしまった。

しかし私の知る穂村さんに、死の際を危うく歩き早世したロックアーティストのような面影はない。穂村さん自身創作者だから本気で詩に挑むときはきっと命懸けだろう。だがそうでないとき、穂村さんは、最後まで生き残って過去を伝える記録者として、外界にある詩的なものを探し歩く人となる。読書に向かうときの穂村さんはそういう姿勢に違いない。だから危うくない。書物には、詩にも死にも通じる通路がある。通路というならこの読書日記にはいくらでもあるが、その中で今回、私はミステリー小説への穂村さんの視線をとりわけ面白く感じた。それは詩の危うさとは別の意味で死を捉えている。

ミステリの不思議さと面白さは、それが現実世界では最上位にある「死すべき運命」を巡るジャンルでありながら、より上位のルールが作中世界を統べていることだ。

そのために、死に関わる人間の行動、例えば誰かが死んだ時の反応などが、おかしくなることが多い。普通はそんなことしないでしょう、の連続である。「死すべき運命」を前提とするリアリズムからは、どんどん外れてゆくのだ。

麻耶雄嵩の『神様ゲーム』とその続編についての記述から。

ミステリー小説はおよそポー以来の歴史からくる約束を予め受け入れた上で、見たことのない謎を作り上げ、解く、そこにすべてを賭《か》ける特異な文芸である。そのため、謎に特化したミステリーは大抵「人間が描けていない」と言われる。しかしそれあってこそミステリー小説が最大の特異性と価値を発揮するのである。

思えば田村隆一、鮎川信夫、古くは堀口大學、詩人たちの中にはミステリーの翻訳の達人が多くいた。彼らはときにそれを自身の詩の実践とは別の「余技」などと言いながらも、多くのミステリーの名作を翻訳した。余技だとしてもそれを選ぶのはなぜか。そこに何かの、詩とミステリーとの隠れた親和性が感じられはしないだろうか。

『きっとあの人は眠っているんだよ』という本書の題名はこれもミステリー小説の一節から取られていた。同題名の章に語られるように、その言葉は、受け取られる死の意味によって突然、世界に違和が生じた瞬間をさしている。穂村さんによると以下のとおり。

自分がミステリーに求めるのは、世界が覆《くつがえ》るような感覚だと思う。（中略）

引用したシーンでは、小さな「子供」の言葉によって、「車のトランクの中に男の死体がある」という現実が別次元のニュアンスを帯びている。（中略）「子供」はまだ死を知らない。つまり、「子供」は死すべき運命を共有する我々の世界からはみ出した存在なのだ。そんな「子供」の言葉によって、我々の現実が死のない世界の言葉に翻訳されている。「きっとあの人は眠っているんだよ」と。

その驚異、世界の読み直しは読者の何かをも激しく揺るがすだろう。ミステリーが最も詩に近づいた瞬間を穂村さんは捕まえている。このとき穂村さんは詩の探偵だ。この探偵は死をもたらした犯罪を解き明かしはしないが、詩の出現する瞬間を正確に指さす。

そうして世界は新生する。それによって死ぬこともある詩の犯人と違い、詩の探偵は生き残る。

そして？　そして「ええ、うん、やっぱりあの本すごいなあ」と穂村さんとの会話は続くだろう。江戸川乱歩について、塚本邦雄について、楳図かずお、ちばてつや、萩尾望都、花輪和一、清家雪子、稲垣足穂、横溝正史、中井英夫、松本清張、竹本健治、半村良、伊藤計劃、藤野可織、皆川博子について等々。その会話は緩く、同じ話題が何度も出るが、しかし死から遠く、やはり停滞感がない。

（たかはら・えいいり／作家）

本書は二〇一七年十一月、河出書房新社より刊行されました。

きっとあの人《ひと》は眠《ねむ》っているんだよ

穂《ほ》村弘《むらひろし》の読書日記《どくしょにっき》

二〇二一年五月一〇日　初版印刷
二〇二一年五月二〇日　初版発行

著　者　穂《ほ》村弘《むらひろし》
発行者　小野寺優
発行所　株式会社河出書房新社
〒一五一－〇〇五一
東京都渋谷区千駄ヶ谷二－三二－二
電話〇三－三四〇四－八六一一（編集）
〇三－三四〇四－一二〇一（営業）
https://www.kawade.co.jp/

ロゴ・表紙デザイン　粟津潔
本文フォーマット　佐々木暁
本文組版　KAWADE DTP WORKS
印刷・製本　中央精版印刷株式会社

Printed in Japan　ISBN978-4-309-41810-0

求愛瞳孔反射

穂村弘　40843-9

獣もヒトも求愛するときの瞳は、特別な光を放つ。見えますか、僕の瞳。ふたりで海に行っても、もんじゃ焼きを食べても、深く共鳴できる僕たち。歌人でエッセイの名手が贈る、甘美で危険な純愛詩集。

短歌の友人

穂村弘　41065-4

現代短歌はどこから来てどこへ行くのか？　短歌の「面白さ」を通じて世界の「面白さ」に突き当たる、酸欠世界のオデッセイ。著者初の歌論集。第十九回伊藤整文学賞受賞作。

異性

角田光代／穂村弘　41326-6

好きだから許せる？　好きだけど許せない⁉　男と女は互いにひかれあいながら、どうしてわかりあえないのか。カクちゃん＆ほむほむが、男と女についてとことん考えた、恋愛考察エッセイ。

はじめての短歌

穂村弘　41482-9

短歌とビジネス文書の言葉は何が違う？　共感してもらうためには？「生きのびる」ためではなく、「生きる」ために。いい短歌はいつも社会の網の目の外にある。読んで納得！　穂村弘のやさしい短歌入門。

ぼくの宝物絵本

穂村弘　41535-2

忘れていた懐かしい絵本や未知の輝きをもった絵本に出会い、買って買って買いまくるのは夢のように楽しい……戦前のレトロな絵本から最新絵本まで、名作絵本の魅力を紹介。オールカラー図版満載。

〈チョコレート語訳〉みだれ髪

俵万智　40655-8

短歌界の革命とまでいわれた与謝野晶子の『みだれ髪』刊行百年を記念して、俵万智によりチョコレート語訳として、乱倫という情熱的な恋をテーマに刊行され、大ベストセラーとなった同書の待望の文庫化。